POLYGLOTT on tour

Bangkok

Der Autor
Wolfgang Rössig

Unser E-Book-Code zur elektronischen Erweiterung des POLYGLOTT on tour. Das kostenlose E-Book enthält die im Reiseführer aufgeführten Adressen entlang der Touren, beispielsweise zu Essen und Trinken, Shoppen, Aktivitäten und Hotel-Tipps. Links auf einen externen Kartendienst vereinfachen das Auffinden dieser Adressen.

**Mit großer Faltkarte
& 80 Stickern
für die individuelle Planung**

www.polyglott.de

SYMBOLE ALLGEMEIN

 Besondere Tipps der Autoren

 Specials zu besonderen Aktivitäten und Erlebnissen

 Spannende Anekdoten zum Reiseziel

 Top-Highlights und Highlights der Destination

TOUR-SYMBOLE		**PREIS-SYMBOLE**	
❶ Die POLYGLOTT-Touren		Hotel DZ	Restaurant
🮐 Stationen einer Tour	€	bis 1500 Baht	bis 500 Baht
❶ Zwischenstopp Essen & Trinken	€€	1500–4000 Baht	500–1000 Baht
① Hinweis auf 50 Dinge	€€€	über 4000 Baht	über 1000 Baht
[A1] Die Koordinate verweist auf die Platzierung in der Faltkarte			
[a1] Platzierung Rückseite Faltkarte			

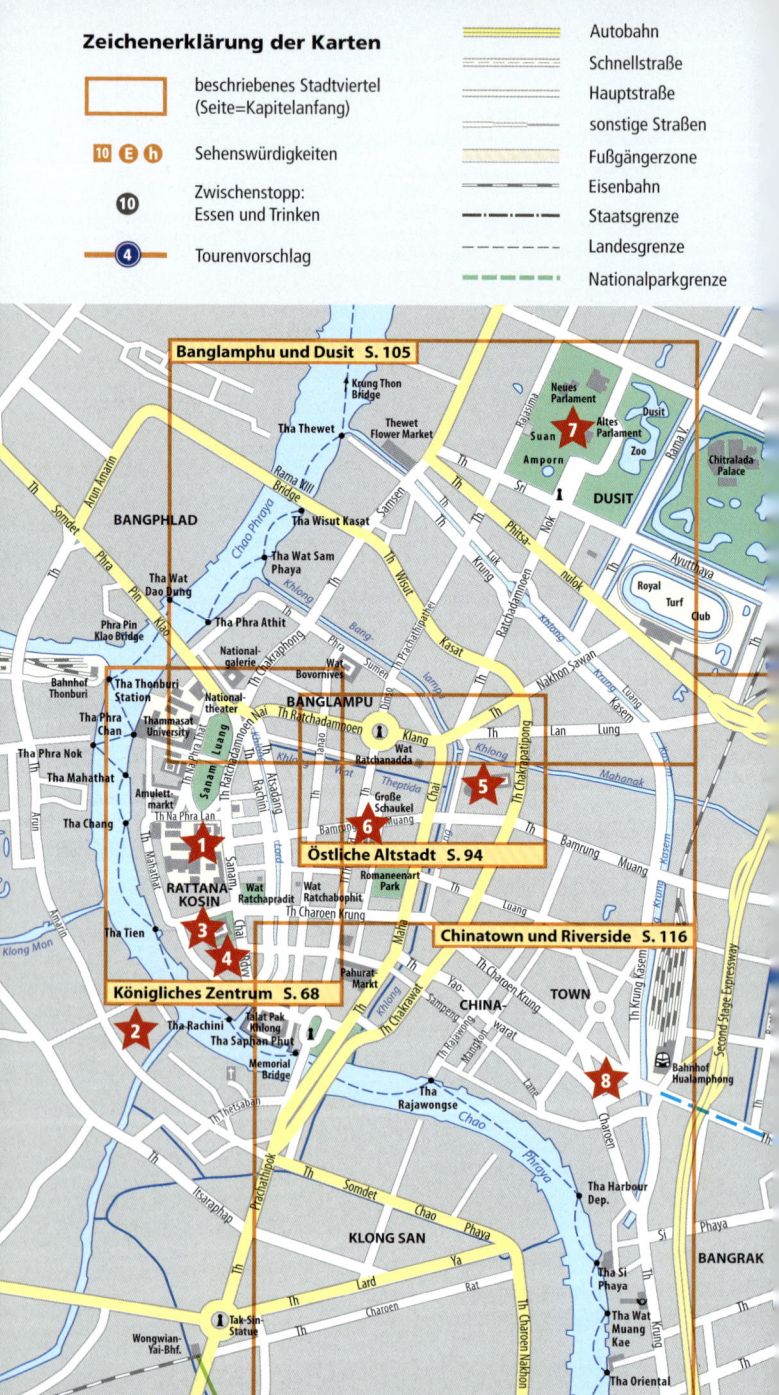

Zeichenerklärung der Karten

beschriebenes Stadtviertel (Seite=Kapitelanfang)

10 **E** **h** Sehenswürdigkeiten

10 Zwischenstopp: Essen und Trinken

4 Tourenvorschlag

Autobahn
Schnellstraße
Hauptstraße
sonstige Straßen
Fußgängerzone
Eisenbahn
Staatsgrenze
Landesgrenze
Nationalparkgrenze

Banglamphu und Dusit S. 105

Östliche Altstadt S. 94

Chinatown und Riverside S. 116

Königliches Zentrum S. 68

Top 12 Highlights

1 **Touren-Start**

Perfekte Planung
Parallel Klappe
vorne links
aufschlagen

Bangkok

— Sky Train
--- U-Bahn (M.R.T.)

Downtown S. 127

Geniale Recycling-Idee: Der Wat Arun
in Thonburi ist mit Millionen Scherben
chinesischen Porzellans verkleidet

TYPISCH

Bangkok ist eine Reise wert!

Goldstrotzende Tempel, stille Khlongs, luxuriöse Shoppingpaläste, endlose kulinarische Verführungen, Märkte fast an jeder Straßenecke und ein berühmt-berüchtigtes Nachtleben: Bangkok ist oft eine Liebe auf den zweiten Blick, dafür hält sie umso länger.

Der Autor **Wolfgang Rössig** sucht in Bangkok seit Jahrzehnten nach der besten Garküche, verfällt auf Nachtmärkten und in Seidengeschäften einer thailändisch anmutenden Leichtsinnigkeit in Gelddingen, bewundert die heitere Gelassenheit von Buddhastatuen, die märchenhaften Wandmalereien stiller Tempel und sorgt mit seinen Versuchen, Alltagswörter auf Thai richtig zu betonen, für jede Menge *sanuk* (Spaß) bei den Einheimischen.

Schuld an allem war Thai Airways. Vor über 30 Jahren lockte mich die Linie, natürlich auch damals schon »smooth as silk«, mit einem spottbilligen Australienflug und kostenlosem Stopover in Bangkok als Dreingabe. Bei der Landung auf dem alten Don-Mueang-Flughafen schallte der heutige Evergreen »One Night in Bangkok« von Murray Head aus den Lautsprechern, der gerade die Charts gestürmt hatte. Als sich die Türen der Ankunftshalle öffneten, wurde schnell klar, warum das Stopover so günstig gewesen war. Es goss wie aus Kübeln: Monsunzeit! Das Taxi kämpfte sich geschlagene drei Stunden lang durch den endlosen Stau, und das um Mitternacht … So sah meine erste Nacht in Bangkok aus.

Am Morgen nahm der Monsun aber netterweise eine Auszeit. Golden, rot und grün leuchteten die Pagoden, Prangs und Staffeldächer des Wat Phra Kaeo, eine Märchenwelt mythologischer Figuren begleitete den Rundgang durch Bangkoks meistbesuchte Attraktion. Fremd war das alles noch: Grazile Vogelmädchen, elefantenköpfige Gott-

Bangkoks Tuk-Tuks sehen zwar spaßig aus, bedeuten aber meist Ärger auf drei Rädern

Mancher Bangkoker hält sich als schwimmender Händler über Wasser

heiten und grimmige Riesenwächter aus Stein säumten den Weg. Eine grellbunte Welt stürmte auf mich ein, bis ich am Ende in den Wandelgang flüchtete, zu den im Dämmerlicht geheimnisvoll schimmernden Fresken des Ramakien. Und plötzlich begann ich zu verstehen, denn die Geschichte des Ramayana, die kannte ich schon aus Indien. Ein freundlicher Kunststudent der nahen Silpakorn-Universität bemerkte meine Faszination, erklärte mir stundenlang geduldig jedes einzelne Wandbild, rühmte die Treue des Affenkönigs Hanuman und wies am Ende empört jegliches Honorar zurück. Als ich danach dem berühmten Liegenden Buddha im Wat Pho die obligatorischen 108 Satang-Münzen spendete, hatte ich nur einen Wunsch: ein baldiges Wiedersehen mit der »Stadt der Engel«.

Den Wunsch hat der Erleuchtete wahrlich übererfüllt, und an mancher seiner Statuen klebt

nun auch ein Goldblättchen von mir. Schon wenig später war ich zurück und begann meine ersten Streifzüge durch Bangkok. Noch erschlossen weder Skytrain noch Metro die modernen Viertel, und mit Tuk-Tuk-Fahrern, die mich hartnäckig in Schmuckgeschäfte zu lotsen oder mit Fotoalben verfügbarer Schönheiten zu ködern suchten, stand ich auf Kriegsfuß.

Dann aber entdeckte ich Chinatown mit seinen fabelhaften Garküchen. Die Köchin, die mir die erste sauer-scharfe *tom yam gung* meines Lebens servierte, zaubert noch heute an der gleichen Ecke wie damals. Nichts verspricht mehr *sanuk* (das thailändische Wort für Spaß), als unbefangen in die Töpfe zu gucken und herauszufinden, ob man nun wirklich die beste Nudelsuppe, das köstlichste Austernomelett, die feinste Schmorente oder den schärfsten grünen Papayasalat Bangkoks entdeckt hat.

In vielen Tempeln spielen Yaksha-Riesen eine tragende Rolle

Fremder in ihre Psyche. Wahrscheinlich gibt es auf dem riesigen Amulettmarkt vor dem Wat Ratchanatda auch einen Talisman, der allzu naseweise *farangs* fernhält.

Man muss auch gar nicht alles wissen, es reicht, einfach nur zu schauen, zu fühlen, zu erleben: den Duft von Zitronengras, den Geschmack der Tamarinde, den hölzernen Xylofonklang des *ranat ek,* die Anmut der jahrelang einstudierten Handbewegungen einer Khon-Tänzerin. Es gibt Szenen, die man nicht vergisst: Auf einer umtosten, abgasverpesteten Verkehrsinsel, über die auch noch der Skytrain hinwegrauscht, legt ein junges Mädchen, für einen Augenblick dem umgebenden Betonlabyrinth entrückt, vor einem Geisterhäuschen eine Lotusknospe nieder. In einem kleinen Lokal irgendwo im Großstadtdschungel singt eine kecke musikalische Trostspenderin für Arbeiter, Taxifahrer, Verkäuferinnen, Haus- und Barmädchen aus dem Isaan vom harten Los der Underdogs, und die schrägen Töne klingen noch lange im Ohr.

Heißt es bald »Last Order«? Immer mehr Garküchen müssen weichen

Die Thais begrüßen sich mit »Kin khao reu yang«: »Hast Du schon gegessen?« An den Plastiktischen der Garküchen lernt man Thailand kennen. Hier sind alle Gesellschaftsschichten vertreten, und soziale Konflikte spielen beim gemeinsamen Brüheschlürfen unter grellem Neonlicht keine Rolle. Die Toleranz der Thais ist sprichwörtlich. In den chinesischen Tempeln ist selbstverständlich auch Platz für die Götter Indiens und den Erleuchteten. Prachtexemplare des dritten Geschlechts, die *kathoeys,* tänzeln auf hohen Absätzen über die tiefen Schlaglöcher der Gehsteige, und niemand verzieht ein Gesicht.

Alles nur Fassade? Hinter das Lächeln der Thais vermag ein Ausländer nur selten zu blicken. »Farang know too much« ist eher ein diskreter Ausdruck der Sorge als ein Kompliment. Die für Ausländer fast unergründlichen fünf Tonlagen der Thai-Sprache schützen die konfliktscheuen Einheimischen in der Regel aber vor tieferen Einblicken

Und dann ist da noch Bangkok in der Abenddämmerung: Hinter dem Wat Arun wechselt der Himmel von Orange über Violett zu Indigo, und wenig später beginnen die illuminierten Tempel der Altstadt wie Märchenpaläste zu leuchten. Dann ist die Welt in Bangkok wirklich Ihre Auster, aber die schönsten Perlen kosten nur ein Lächeln. Auf bald, Bangkok!

Reisebarometer

Bangkok fasziniert durch extreme Gegensätze:
Von hippen Rooftop-Restaurants fällt der Blick in
die dampfenden Töpfe von Garküchen, Mönche
meditieren in Tempeln, während Shopaholics in
hypermodernen Malls dem Kaufrausch frönen.

10x richtig gut

Beeindruckende Architektur
Goldglänzende Tempel und futuristische Wolkenkratzer

Grüne Oasen
Erholung vom Großstadttrubel bieten die Halbinsel Bang
Krachao und eine Bootsfahrt auf den Khlongs.

Kultur- und Eventangebot
Spektakuläre Bühnenshows, Tanztheater, Thaiboxen

Museen und Besichtigungen
Königliche Paläste, historische Teakhäuser, bunte Märkte

Spaß und Abwechslung für Kinder
Auch im Betondschungel finden sich Spieloasen.

Kulinarisches Angebot
Die Thai-Küche gilt als eine der besten der Welt.

Shoppingmöglichkeiten
Kunsthandwerk, Seide und exotische Gewürze, aber
auch modernes Design und Fashion.

Ausgehen
Auch ohne Rotlicht ist Bangkoks Nightlife top.

Ausflüge in die Umgebung
Tempelruinen, Schwimmende Märkte und viel Natur

Preis-Leistungs-Verhältnis
Viel bezahlbarer Luxus und haufenweise Schnäppchen

● = gut   ●●●●●● = übertrifft alle Erwartungen

50 Dinge, die Sie …

Hier wird entdeckt, probiert, gestaunt, Urlaubserinnerungen werden gesammelt und Fettnäpfe clever umgangen. Diese Tipps machen Lust auf mehr und lassen Sie die ganz typischen Seiten erleben. Viel Spaß dabei!

… erleben sollten

(1) Karma verbessern Schenken Sie einem Mönch ein in vielen Läden der Thanon Bamrung Muang › **S. 99** zu erwerbendes Almosenpaket: Die safrangelben oder roten Plastikeimer für die Wäsche enthalten u. a. Seife, Zahnpasta, Kerzen und Räucherstäbchen.

(2) Gemüse schnitzen In den Vegetable Carving Classes der Bangkok Thai Cooking Academy zaubern Sie aus Karotten und Rettichen prächtige Blüten und Fabelwesen (1940 Th Sukhumvit, Soi 60, Tel. 080 770 6741, www.bangkokthaicookingacademy. com, 3,5 Std. 2400 Baht).

(3) Mit Urzeitechsen joggen Auf der 2,5 km langen Laufstrecke durch den Lumphini Park › **S. 131** kreuzen häufig Warane den Weg. Die Alligatoren ähnelnden, aber völlig harmlosen Kaltblüter sind allerdings gemächlicher unterwegs.

(4) Thai-Massagekurs im Tempel Getreu dem Motto »No pain, no gain« lernt man in der renommierten Wat Pho Massage School › **S. 50**, durch Dehnung der Muskulatur und das Setzen von Druckpunkten Blockaden zu lösen.

(5) Bangkoks grüne Seite Co van Kessel Bangkok Tours [**D5**] organisiert Radtouren durch ruhige Nebenstraßen und grünes Idyll abseits des Verkehrs. Beliebt ist die Kombination mit einer Fahrt im Longtailboot durch die Khlongs von Thonburi (Tel. 02 639 7351, www.covankessel. com, 5 Std. 1650 Baht).

(6) Blick in die Zukunft In chinesischen Tempeln wie dem San Chao Poh Seua › **S. 102** stehen in Altarnähe zylindrische Behälter mit nummerierten Holzstäbchen, die man so lange schüttelt, bis eines zu Boden fällt. Jeder Nummer ist ein Text mit einer Prophezeiung zugeordnet.

(7) Fitnessprogramm mit Kick Beim Thaiboxen fliegen nicht nur die Fäuste, hier ist voller Körpereinsatz gefragt. Im Sor Vorapin Boxing Gym [**B2**] bekommen Anfänger eine englischsprachige Einführung in Thailands Nationalsport (13 Trok Kasap, Tel. 081 649 5704, www.thai boxings.com, 1,5 Std. 500 Baht).

(8) Weltgrößte Wasserschlacht An Songkran, dem thailändischen Neujahrsfest, macht sich ganz Bangkok nass – mit Schläuchen, Eimern und riesigen Wasserpistolen. Trocken bleibt nur, wer das Hotelzimmer nicht verlässt. Zentren des Geschehens sind die Khao San Road › **S. 108** und die Thanon Silom [E6].

9 **Im Urwald nächtigen** Die in einer Flussschleife liegende Halbinsel Bang Krachao verblüfft mit Dschungelnatur. In den »Nester« genannten Unterkünften des ökologisch konzipierten Bangkok Tree House ist man mittendrin (60 Moo 1, Thanon Petch Cha Hueng, Tel. 082 995 1150, www.bangkoktreehouse.com).

Das Neujahrsfest wird in Bangkok mit einer wilden Wasserschlacht begangen

10 **Den Geist befreien** Im Wat Mahathat › **S. 78** vermitteln Mönche in halbtägigen Kursen Grundtechniken der Vipassana-Meditation: Nach einer Einführung auf Englisch wird u. a. achtsames Sitzen und Gehen geübt (Tel. 02 623 5881, www.mcu.ac.th/IBMC, gratis, Spende erbeten).

... probieren sollten

11 **Ghoong maenam** Die riesigen Flussgarnelen *(river prawns)* gelten bei den Thais als Delikatesse. Das Teakhausrestaurant Ruen Urai [E5] serviert sie gegrillt und in Currypaste oder Tamarindensoße (118 Th Surawong, Tel. 02 266 8268, www.ruen-urai.com, tgl. 12–23 Uhr).

12 **Ped Paloe** Chinatown ist die beste Adresse für geräucherte Entenbrust. Bei Jay Suay [D4] wird sie schon seit vier Generationen nach geheimem Familienrezept zubereitet (Plang Nam Junction/Thanon Phab Phla Chai, tgl. 16–3 Uhr).

13 **Kha moo** Ein Streetfoodklassiker ist Schweinshaxe – bei Siri Rama Jay Wan [D4] wird das Fleisch 2 Std. lang geschmort, bis es vom Knochen abfällt, und anschließend in mundgerechte Portionen zerteilt mit Reis serviert (Trok Sai, Thanon Padungdao, tgl. 16–21 Uhr).

14 **Papayasalat** Einen herrlich scharfen *som tam* aus dünnen Streifen grüner Papaya mit getrockneten Shrimps und Chili serviert Namtok Sida [A3] auf dem Wang-Lang-Markt in Thonburi (neben dem Siriraj Hospital, Tha Chang N10).

15 **Harn pra loh** Allein die dunkle Sojasoße ist bei diesem Gericht mit geschmorter Gans so köstlich, dass man extra Reis ordern sollte, um den Rest aufzutunken. Fans pilgern zum einfachen Shophouse-Lokal Harn pra loh Convent [F5] – den offiziellen Namen Tang Hong Pochana kennt niemand (2/2 Soi Convent, Thanon Silom, Tel. 02 235 6362, Mo–Sa 8.30–18 Uhr).

(16) Dim Sum »Häppchen, die das Herz berühren« heißt der Name der in Bambuskörbchen gedämpften kantonesischen Leckereien wörtlich übersetzt. Tai Seng [**D4**] erfüllt diesen Anspruch problemlos (121–9 Th Yaowarat, Kreuzung Th Song Sawat, tgl. 11–14.30, 17–22.30 Uhr).

(17) Saft aus Som-Cheng-Orangen Sie sind süßer und aromatischer als westliche Sorten, und am Stand von Jay Fai [**D4**] seit über 40 Jahren frisch gepresst zu haben, auch zum Mitnehmen in Flaschen (459 Th Yaowarat, tgl. 17–24 Uhr).

(18) Moo daeng Gegrilltes Schweinefleisch auf Reis zählt zu den Favoriten der *locals,* eine Portion ist ab 40 Baht zu haben. Bei Kong Prasert [**C4**] weiß man, dass die Qualität mit der Soße steht und fällt (304–6 Soi Luan Ait, Th Charoen Krung, Gate of Chinatown, Di–So 10–18 Uhr).

(19) Reisbällchen in Ingwersoße Die erfrischende, *bua loy nam khing* genannte Delikatesse mundet allen, denen Thai-Desserts sonst zu süß sind. Serviert wird sie an zahlreichen Ständen entlang der Thanon Yaowarat [**C/D4**] in Chinatown.

(20) Mekong-Whiskey Der milde, goldfarbene Whiskey wird zu 95 % aus Melasse und zu 5 % aus Reis gebrannt, dazu kommt eine geheime Kräuter- und Gewürzmischung. Im Living Room des Sheraton Grande Sukhumvit › **S. 49** genießt man ihn zu Jazzmusik – pur, mit Sodawasser oder einem Spritzer Limettensaft.

... bestaunen sollten

(21) Blütenkunstwerke Im Museum of Floral Culture des renommierten Blumendesigners Sakul Intakul sind Arrangements zu bestaunen, die teils für Bankette am Hof gefertigt wurden (315 Th Samsen, Soi 28, Yaek Ongkarak 13, www.floralmuseum.com, Di–So 10–18 Uhr, 150 Baht).

(22) Vogelmädchen Kinnari heißen mythologische Wesen, halb Frau, halb Schwan, die als Inbegriff weiblicher Schönheit und Grazie gelten. Einige besonders anmutige, mit Gold überzogene Exemplare bewachen den Wat Phra Kaeo › **S. 72**.

(23) Elefantensattel Das Nationalmuseum › **S. 78** stellt mehrere prunkvolle *howdahs* aus, auf denen Mitglieder des Königshauses bei Festen durch Bangkok ritten. Der prächtigste ist aus Elfenbein gefertigt und war ein Geschenk an Rama V.

(24) Wat Arun bei Nacht Der elegante Bau wird auch »Tempel der Morgenröte« genannt, von seiner schönsten Seite präsentiert er sich aber abends, wenn er im Glanz von 1000 Lichtern erstrahlt. In der Rooftop-Bar des Hotels Sala Rattanakosin › **S. 88** lässt sich der Anblick bei einem Sundowner genießen.

(25) Käfer-Festbeleuchtung Bei abendlichen Bootstouren durch die Kanäle um Amphawa › **S. 146** können Romantiker ein bezauberndes Naturschauspiel bestaunen: Tau-

Wunderschöne Perlmuttintarsien zieren die Fußsohlen des Liegenden Buddha im Wat Pho

sende von Glühwürmchen *(fireflies)* verwandeln die Mangroven in funkelnde Weihnachtsbäume (zahlreiche Anbieter vor Ort, ca. 500 Baht).

㉖ Pixel-Hochhaus Den Maha Nakhon › **S. 130**, Bangkoks neuesten und höchsten Wolkenkratzer, umgibt eine Helix versetzt angeordneter Glasquader, die an Pixel erinnern. Sie lassen den Skyscraper wirken, als wäre er in Auflösung begriffen.

㉗ Schlangenmelkung In der vom Roten Kreuz geleiteten Queen Saovabha Snake Farm [**F5**] kann man dabei zusehen, wie Kraits und Kobras zur Herstellung von Antiseren gemolken werden (1871 Th Rama IV., Tel. 02 252 0161, Mo–Fr 11 und 14.30 Uhr, 200 Baht).

㉘ Buddhas Fußsohlen Die Fußsohlen des Liegenden Buddha im Wat Pho › **S. 86** sind 3 m hoch und 4,50 m lang. Intarsien aus Perlmutt stellen die 108 heiligen Kennzeichen des Erleuchteten *(lakshanas)* dar, im Zentrum steht das Rad des Gesetzes.

㉙ Königlicher Einbaum 46 m lang ist die Barke Suphannahong (»Goldener Schwan«) im Royal Barges Museum › **S. 93**, deren Bug der Kopf des mythischen Vogels Hamsa ziert. Aus einem einzigen mächtigen Teakbaum geschnitzt, musste sie mit 50 Ruderern bemannt werden.

㉚ Dschunke aus Stein Anfang des 19. Jhs. ließ Rama III. als Huldigung an den Schiffstyp, der dem Land Wohlstand gebracht hatte, einen Tempel in Dschunkenform errichten. Der Wat Yannawa ist in Asien ein Unikum (Thanon Charoen Krung, tgl. 6–20 Uhr).

… mit nach Hause nehmen sollen

㉛ Die weltlängste Briefmarke 17 cm lang ist die im April 2017 herausgegebene Briefmarke, die das 70-jährige Thronjubiläum von König Bhumibol feiert. Das Set mit fünf Stück kostet 45 Baht und ist in allen Postämtern erhältlich.

32 Currypaste von Khun Ming
Mit der schon legendären hausgemachten Paste zaubern Sie daheim die raffiniertesten Currys. Auf dem Bangrak-Markt verkauft das kleine Shophouse Ran Mae Pao [D6] sie in zahlreichen Variationen (186/1 Th Charoen Krung, Soi 46).

33 Karte des alten Siam Historische Karten, seltene handkolorierte Drucke und Bücher über Südostasien können Sie bei Old Maps & Prints [D5] erwerben, kenntnisreich beraten vom deutschen Besitzer des Antiquariats (River City › S. 41, www. classicmaps.com).

34 Schal aus Thai-Seide Von tropischer Flora und Fauna, aber auch von asiatischer Kunst sind die Prints inspiriert, die Jim Thompson Thai Silk [F5] in überwältigender Auswahl bereithält (9 Th Surawong, www.jimthompson.com).

Irgendwann reißt der gesegnete Faden –
doch so lange bringt er seinem Träger Glück

35 Bangkok-Collage Die farbenfrohen Fotomontagen des jungen Designers Pariwat Anantachina bekommen Sie im Siam Discovery › S. 42 und auf dem Chatuchak-Markt › S. 139 (Sektion 7, Soi 3, Stand 118, www.pariwatstudio.com).

36 Alle Wohlgerüche Asiens Die Duftkerzen und Aromakissen von Karmakamet verströmen zu Hause noch lange ihren zarten Duft nach Zitronengras oder Weißem Tee (Central World › S. 41, 3rd Floor, www.karmakamet.co.th).

37 Exotische Puppen Khon-Tänzer, Fischer, Marktfrauen – einen Miniatureinblick in die thailändische Kultur geben die handgefertigten Puppen, die im Bangkok Doll Museum [G2] verkauft werden (85 Soi Mo Leng, Thanon Ratchaphrarop, www. bangkokdolls.com, ab 1000 Baht).

38 Glücksfaden In vielen Tempeln werden Besuchern gegen eine kleine Spende geweihte Baumwollfäden *(sai sin)* ums Handgelenk gebunden, die dem Träger Segen bringen und Unheil fernhalten sollen. So auch im Wat Saket › S. 96. Das Glücksarmband sollte so lange getragen werden, bis es von selbst abfällt.

39 Papaya-Schäler Dieses zur Herstellung von *som tam* › S. 34 unentbehrliche Utensil und andere Gerätschaften der Thai-Küche hat Chian Heng [D6] vorrätig, ein in dritter Generation familiengeführtes Geschäft in einem alten Shophouse (1466 Th Charoen Krung).

40 **Selfie mit Weltstars** Nach den Travestieshows des Calypso Cabaret kann man mit den internationale Stars imitierenden Akteuren für einige Baht Honorar amüsante Fotos schießen (Asiatique The Riverfront › **S. 46**, Shows 20.15 und 21.45 Uhr, Tickets 900–2000 Baht).

… bleiben lassen sollen

41 **Das Königshaus kritisieren** Thailand hat die weltweit strengsten Gesetze gegen Majestätsbeleidigung. Abfällige Kommentare sind ein ernst zu nehmender Straftatbestand – ebenso der respektlose Umgang mit Abbildungen des Königs.

42 **Geduld verlieren** Ein »kühles Herz« gilt in Thailand als Tugend. Schimpfen und Schreien führt stets zu Gesichtsverlust und kann beim Bloßgestellten Aggressionen hervorrufen, wogegen ein freundliches Lächeln alle Türen öffnet.

43 **Die Fußsohlen zeigen** Füße gelten als unrein – achten Sie beim Sitzen darauf, dass sie nicht in Richtung einer anderen Person weisen. Gleiches gilt für Buddhastatuen: Im Tempel hockt man sich auf die Knie oder geht in den Schneidersitz.

44 **Einen Mönch berühren** Frauen ist es untersagt, Mönche zu berühren oder neben ihnen Platz zu nehmen, z. B. im Bus. Auch Spenden werden nicht direkt übergeben, sondern auf dem Boden abgestellt.

45 **Tempel mit Schuhen betreten** Vor einem Tempelbesuch legt man die Schuhe am Eingang ab. Auch angemessene Kleidung (bedeckte Knie und Schultern) und dezentes Verhalten sind ein Gebot der Höflichkeit.

46 **Schärfe mit Wasser löschen** Wenn Ihr Mund nach dem Genuss eines Currygerichts wie Feuer brennt, hilft Wasser gar nicht – essen Sie lieber etwas Neutralisierendes wie Reis oder Brot.

47 **Schleppern folgen** Tuk-Tuk-Fahrer und selbsternannte Guides lotsen ihre Kunden gerne in unseriöse Läden, in denen sie Provision kassieren – häufig unter dem Vorwand, die eigentlich angesteuerte Sehenswürdigkeit habe geschlossen.

48 **Kreditkarte weggeben** Überwachen Sie den Zahlungsvorgang – nur so können Sie sicher sein, dass nicht im Hinterzimmer jemand eine Kopie anfertigt.

49 **»Vier gewinnt« spielen** Wer sich mit den gelangweilten Mädchen in Bangkoks Rotlichtbars auf einige Partien dieses harmlosen Spielchens einlässt, wird stets verlieren – garantiert.

50 **Falsch »waien«** Der Wai, die thailändische Begrüßung mit zusammengelegten Handflächen, spiegelt gesellschaftliche Hierarchien und hat entsprechend viele Nuancen. Wer sie nicht kennt, sollte es bei einem Lächeln oder Kopfnicken belassen, um Fettnäpfchen zu umgehen.

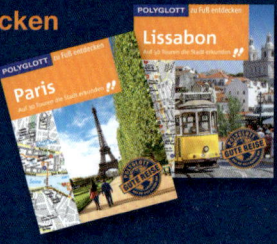

Was steckt dahinter?

Die kleinen Geheimnisse sind oftmals die spannendsten. Wir erzählen die Geschichten hinter den Kulissen und lüften für Sie den Vorhang.

Was hat es mit den Geisterhäuschen auf sich?

Sie werden in Thailand kein Gebäude ohne Geisterhäuschen *(san phra phum)* oder zumindest einen Hausaltar finden. Hier wird den Ortsgeistern *(phi)* gehuldigt, die von alters her als die eigentlichen Besitzer eines jeden Platzes gelten. Täglich werden ihre Nachbildungen aus Gips mit kleinen Gaben (Speisen, Blumen, Räucherstäbchen, Kerzen) verwöhnt, Figürchen von Tänzerinnen oder Haustieren sollen ihrer Unterhaltung dienen. Geister dürfen keinesfalls durch Missachtung verstimmt werden, will man nicht Feuer, Erdrutsch oder andere Katastrophen heraufbeschwören. Je prunkvoller das Gebäude, umso luxuriöser fällt auch das Geisterhäuschen aus. Nie darf der Schatten des zu schützenden Hauses auf das Geisterhäuschen fallen, denn dann könnte der Geist auf die fatale Idee kommen, ins Haupthaus umzuziehen! Wenn ein Unglück die Familien heimsucht, wird man zunächst einmal das Geisterhäuschen renovieren und an einen anderen Platz stellen.

Warum bedanken Mönche sich nicht für Almosen?

Nein, Mönche sind nicht undankbar! Aber in der buddhistischen Vorstellung sind Sie es, der sich mit einem tiefen Wai, der thailändischen Dankesgeste, für die Gelegenheit bedanken sollten, mit Ihrer barmherzigen Tat Ihr Karma zu verbessern. Nicht der Mönch bettelt, sondern die Gläubigen bitten die Mönche, die ihnen angebotene Speise anzunehmen, um dafür Segen zu erhalten. Erwarten Sie also noch nicht einmal ein Lächeln.

Wieso lachen Einheimische oft, wenn ein Ausländer Thai spricht?

Thai ist eine sogenannte Tonsprache – das heißt, die meist einsilbigen Wörter können durch Aussprache in unterschiedlichen Tonhöhen und -verläufen ganz unterschiedliche Bedeutungen annehmen. Sie dürften die fünf verschiedenen Töne der Thai-Sprache erst nach sehr viel Übung beherrschen, die Lautschrift im Wörterbuch hilft da kaum weiter. Lachen verhindert, dass Sie durch Ihre fehlerhafte Aussprache einen Gesichtsverlust erleiden. Möglicherweise haben Sie auch unbeabsichtigt etwas wirklich Komisches gesagt, was allgemeine Erheiterung auslöst, und die ist in Thailand nie ein Problem. Merken sollten Sie sich die fast an jeden Satz angehängte Höflichkeitsfloskel: Männer sagen *krap* (oder *kap*), Frauen *ka*. Eine Verwechslung sorgt da schon mal für Gelächter, besonders wenn sie einem Mann passiert. *Mai pen rai!* (Macht nichts!)

Als Thailands Hauptstadt ist Bangkok einem dynamischen Wandel unterworfen. Stillstand gibt es hier nicht, meist aber auch kein schnelles Vorwärtskommen

REISE-
PLANUNG &
ADRESSEN

Die Stadtviertel im Überblick

»Ins Zentrum bitte!« Auf die Nennung dieses Fahrtziels reagieren Taxi-fahrer in der Regel mit ratlosem Blick. Welches Zentrum meint der *farang* denn? Bangkok hat viele …

Wo die Keimzelle Bangkoks liegt, ist immerhin klar, auch wenn (noch) kein Skytrain und keine Metro dorthin fährt: Alles begann in **Rattanakosin** – hier sicherte König Rama I. eine Flussschleife des Chao Phraya im Osten mit einem doppelten Ring von Kanälen. Im **inneren Khlongring** liegen die grüne Esplanade Sanam Luang, der Wat Phra Kaeo mit dem Königspalast sowie der Wat Pho. Noch älter als Bangkok, heute aber Teil der Metropole ist **Thonburi** am anderen Flussufer mit dem majestätischen Wat Arun. Dieses von Khlongs durchzogene Viertel erforscht man am besten per Boot.

Das **Altstadtviertel im äußeren Khlongring,** im Osten von der Thanon Maha Chai begrenzt, besitzt viele sehenswerte Tempel und alte Shophouses (Ladenhäuser).

Im Norden der Altstadt erstreckt sich zwischen den Straßen Ratchadamnoen Klang und Phra Sumen die Travellerhochburg **Banglamphu** mit der legendären Khao San Road. Hier wechseln günstige Unterkünfte mit Läden für Backpacker ab.

Bangkoks Champs-Elysées, die Thanon Ratchadamnoen Nok, führt nach Nordosten ins königliche Viertel **Dusit**. Im Dusit-Palastpark ließ König Chulalongkorn ab 1868 klassizistisch inspirierte Thronhallen und Palastbauten errichten.

Südöstlich von Rattanakosin, zwischen Flussufer und Hauptbahnhof, liegt **Chinatown** mit seinen engen Gassen, grellbunten Tempeln, quirligen Märkten, leckeren Garküchen und der indischen Stoffhändlerenklave Pahurat. Die hektische, lärmerfüllte Thanon Yaowarat ist die Lebensader des Viertels.

Tradition und Moderne prallen in Bangkok unvermittelt aufeinander

Die Thanon Charoen Krung führt in südlicher Richtung parallel zum Fluss ins ehemalige Ausländerviertel Old Farang, meist **Riverside** genannt. Es gehört zum Stadtteil Bang Rak. Nur noch wenige nostalgische Bauten wie das berühmte Mandarin Oriental erinnern an die Zeit um 1900. Nördlich und südlich der Taksin-Brücke säumen längst die modernen Glaspaläste der Luxushotels, Apartmentkomplexe und Einkaufszentren das Flussufer.

Von der Taksin-Brücke nach Nordosten führend, bilden die breiten Straßen **Silom und Sathorn** das Geschäfts- und Bankenviertel der Stadt, mit vielen Hochhäusern und Luxushotels. Sie enden am Lumphini Park, der grünen Lunge Bangkoks. Unmittelbar vor dem Ende der Silom bilden die Sois 1 und 2 das berüchtigte Rotlichtviertel Patpong.

Nördlich des Lumphini Park gilt der **Siam Square** mit seinen vielen Malls als eigentliches Zentrum von Bangkoks **Downtown**. Die Thanon Rama I., der die Trasse des Skytrains folgt, trennt das Viertel Pathum Wan mit dem Campus der Chulalongkorn-Universität vom indischen Stoffhändlerviertel Pratunam. Hier finden sich mit dem Jim Thompson's House und dem Suan Pakkad Palace Museum zwei nostalgische Relikte gehobener Thai-Wohnkultur.

Vorbei am umtosten Erawan-Schrein führt die Thanon Ploenchit zur endlos langen, von der Trasse des Skytrains überbauten **Thanon Sukhumvit**. Während an der Lower Sukhumvit Billigmärkte, Mittelklassehotels und Nightlife jedweder Art die Szene beherrschen, geht es an der Upper Sukhumvit nobler zu. Die schicken Restaurants und Klubs werden von reichen *farangs* und Thais frequentiert, die in den teuren Apartmenthochhäusern wohnen.

Den **Norden Bangkoks** entdecken die meisten Reisenden auf einer Fahrt mit dem Skytrain zum Chatuchak Weekend Market. Ein Stopp an der BTS-Station Ari lohnt sich: Immer mehr Expats schätzen das Flair dieses noch nicht von Hochhäusern beherrschten Wohnviertels, in dem man inzwischen schön ausgehen und interessante Kunstgalerien besuchen kann.

Klima & Reisezeit

Bangkok hat ein tropisches Klima mit drei Jahreszeiten, in deren uraltem Rhythmus der Klimawandel für Unordnung sorgt. Ideale Reisezeit ist aber nach wie vor der trockene, kühlere Winter.

Von November bis Februar schwanken die Temperaturen zwischen 20 °C am Morgen und 30 °C am Nachmittag. In der heißen Jahreszeit von März bis Mai klettert das Thermometer auf über 40° C bei hoher Luftfeuchtigkeit; auch nachts kühlt es kaum ab. Niederschläge sind eine seltene Ausnahme. In der Regenzeit zwischen Mai und Oktober gehen die Temperaturen leicht zurück; der Südwestmonsun beschert Bangkok unregelmäßige, schwere Niederschläge, die meist aber nicht länger als drei Stunden andauern. Insgesamt gesehen sind September und

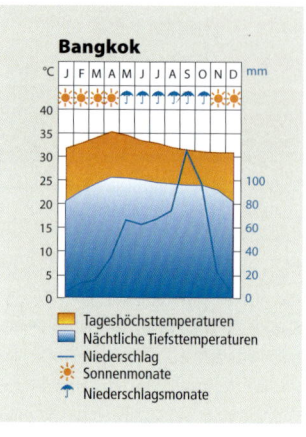

Oktober zwar die klimatisch ungünstigsten Reisemonate, dafür wird man mit besonders günstigen Übernachtungspreisen entschädigt.

Anreise

Mit dem Flugzeug

Der **Suvarnabhumi International Airport** (sprich »Suwannabumm«) 32 km östlich des Stadtzentrums wird von allen großen Fluggesellschaften angeflogen (Tel. 02 132 1888, www.suvarnabhumiairport.com). Tickets kosten im Schnitt 800 €, Sonderangebote gibt es schon ab 500 €. Ein Nonstop-Flug von Deutschland dauert etwa 11 Std., mit Umsteigeverbindung ist man mindestens 15 Std. unterwegs. Ab Level 1 fahren **Taxis** mit Taxameter in die Innenstadt (mit Flughafenzuschlag und Mautgebühren zwischen 350 und 450 Baht). Als Alternative empfiehlt sich die Schnellbahn **Airport Rail Link**, die alle 12–15 Min. zur BTS-Station Phaya Thai (Sukhumvit Line) verkehrt (www.srtet.co.th/en, Fahrzeit 30 Min., 45 Baht).

Der ältere **Don Mueang Airport** im Norden der Stadt wird von Budget-Airlines genutzt (Tel. 02 535 2111, www.donmueangairport.com). Vor der

Ankunftshalle warten **Taxis** (zwischen 250 und 350 Baht), **Bus** A1 fährt vom Gate 6 vor der Ankunftshalle jeweils zur vollen Stunde zur BTS-Haltestelle Mo Chit, Exit 3 (Fahrzeit 30–60 Min., 30 Baht). Eine **Airport-Rail-Link**-Verbindung zwischen Don Mueang und MRT Bang Sue soll 2019 eröffnet werden. Zwischen Don Mueang und Suvarnabhumi verkehrt ein kostenloser Shuttlebus (Fahrzeit ca. 1 Std.).

Stadtverkehr

Bangkoks Straßen sind fast immer verstopft, besonders während der Rushhour, und wenn es regnet sowieso. Schneller als das Taxi sind daher meist Skytrain, Metro und Chao Phraya Express. Ein Single-Ticket-System für den öffentlichen Nahverkehr soll 2019 Realität werden.

BTS Skytrain

Die saubere und klimatisierte **Hochbahn** des **Bangkok Mass Transport System** ist Bangkoks zuverlässigstes und schnellstes Verkehrsmittel (www.bts.co.th, tgl. 6–24 Uhr). Die Ansagen erfolgen auch auf Englisch. Es gibt zwei Linien mit der Haltestelle Siam als Umsteigebahnhof: Die **Silom Line** (13 Stationen, auf Plänen dunkelgrün) fährt vom National Stadium über die Straßen Rama I., Ratchadamri, obere Silom und untere Sathorn zur Station Saphan Taksin (Taksin-Brücke, Umsteigemöglichkeit zum Chao Phraya Express) und weiter zur Endstation Bang Wa in Thonburi. Verlängerungen in beide Richtungen sind geplant (Fertigstellung frühestens 2019/2020). Die **Sukhumvit Line** (22 Stationen, auf Plänen hell-

grün) fährt von Mo Chit (Chatu-chak Weekend Market) im Norden über die Straßen Phaya Thai, Ploenchit und Sukhumvit bis zur Endstation Samrong im Südosten (Verlängerungen ab 2019). Tickets sind am Automaten erhältlich und kosten je nach Anzahl der Stopps 15–52 Baht. Eine Tageskarte (One-Day Pass) ist für 130 Baht zu haben.

MRT (Metro)

Die **Blaue Linie** des **Mass Rapid Transit** mit derzeit 18 Stationen führt vom Hauptbahnhof Hualamphong entlang der Thanon Rama IV. bis

Über Verkehrschaos schwebt der Skytrain unbeeindruckt hinweg

Khlong Toei, anschließend nach Norden über die Straßen Sukhumvit Soi 21 (Asok) und Ratchadaphisek bis Lat Phrao und weiter Richtung Westen bis Bang Sue (www.bangkokmetro.co.th, tgl. 6–24 Uhr). Anschluss an die BTS besteht an den Stationen Silom (Exit 2, Fußweg zur BTS Sala Daeng), Sukhumvit (direkt zur BTS Asok) und Chatuchak Park (Exit 4, Fußweg zur BTS Mo Chit). Die Blue Line wird derzeit in beide Richtungen ausgebaut, wobei die Verlängerung nach Westen (bis 2019) durch Chinatown und die Altstadt führen wird. Weitere Linien sind geplant. Einzelfahrscheine kosten je nach Entfernung 16–42 Baht, Tageskarten 120 Baht, Dreitageskarten 230 Baht.

Stadtbusse

Das System der von der **Bangkok Mass Transit Authority** betriebenen Stadtbusse (www.bmta.co.th) ist reichlich kompliziert. Die Fahrzeuge stecken ebenso im Stau wie der übrige Verkehr, die Zielorte sind nur auf Thai beschriftet, und die Fahrt in einem Bus ohne Aircondition wird schnell zum Saunaerlebnis. Tickets für klimatisierte Busse (meist orange oder gelb) kosten 10–24 Baht. Von Interesse sind vor allem Linien, die zwischen den Fernbusterminals, BTS-Stationen und dem Hauptbahnhof verkehren. Infos unter www.transitbangkok.com/bangkok_buses.html.

Boote

Die Schnellboote des **Chao Phraya Express** verkehren auf dem Flussbogen in der Innenstadt und legen an vielen touristisch interessanten Piers *(tha)* an (www.chaophrayaexpressboat.com, tgl. 6–19 Uhr). Am häufigsten fahren die Expressboote mit orangefarbenen Flaggen (Einheitspreis 15 Baht), Boote mit gelben und grünen Flaggen verkehren nur zu den Stoßzeiten, ebenso die an jedem Pier haltenden Boote ohne Flagge. Das **Chao Phraya Tourist Boat** pendelt halbstündlich zwischen Central Pier und Tha Phra Athit N13 (tgl. 9.30–17.30 Uhr, 40 Baht, Tageskarte 150 Baht, gilt nicht für den Chao Phraya Express und lohnt daher kaum, weitere Infos › **Tour 13, S. 150**).

Mit überdachten **Personenfähren** kann man von zahlreichen Piers aus von 8–18 Uhr für wenige Baht den Chao Phraya überqueren. Besonders wichtig ist die Verbindung zwischen Tha Tien (Wat Pho) und Wat Arun.

Auf den **Khlongs** verkehren **Linienboote**. Ein Expressboot fährt auf dem Khlong Saen Saep alle 5–20 Min. vom Tha Phanfa Leelard an der Thanon Ratchadamnoen Klang (Nähe Golden Mount) in Richtung Osten. Praktische Stopps sind der Tha Ban Krua Nua beim Jim Thompson's House sowie weitere Haltestellen nördlich des Siam Square, am Pratunam-Markt sowie in der Sukhumvit Soi 3 und 23. Boote verkehren auch auf dem Khlong Bangkok Noi und dem Khlong Bangkok Yai in Thonburi (Mo–Fr 5.30–19 Uhr, Sa, So kürzer, 9–19 Baht).

Für **Charterboote** gilt als Richtlinie: Die erste Stunde kostet 800 Baht pro Boot (nicht pro Fahrgast!), jede weitere Stunde 400 Baht.

Eine weitere staufreie Fortbewegungsoption sind die Chao-Phraya-Expressboote

Taxis

Taxis kann man an jeder belebteren Straße anhalten. Sie sind komfortabel und preiswert, man sollte aber auf Einschalten des Taxameters bestehen und die Stoßzeiten meiden (Grundgebühr plus 1 km 35 Baht, weitere Kilometer um die 6 Baht plus Stauzuschlag von 2 Baht pro Min.). Da die Verständigung mit den Fahrern häufig schwierig ist, empfiehlt es sich, eine Visitenkarte des angesteuerten Hotels oder Restaurants parat zu haben. Bei Unternehmen wie **Taxi Radio** kann man rund um die Uhr Fahrzeuge bestellen (www.taxiradio.co.th, Tel. 1681 und 02 880 0888, Aufschlag 20 Baht).

Motorradtaxis und Tuk-Tuks

Motorradtaxis *(motorsai)* warten an den Abzweigungen vieler Nebenstraßen *(soi)* und den Ausgängen von BTS und MRT. Die Fahrer tragen farbige, nummerierte Westen. Die Preise für Kurzstrecken variieren zwischen 10 und 40 Baht. Die Helmpflicht wird meist ignoriert. *Motorsai* sind vor allem während der Rushhour gefragt und in Vierteln, in denen es keine BTS- und MRT-Linien gibt.

Tuk-Tuks eignen sich, wenn überhaupt, nur für kurze Strecken. Die dreirädrigen Autorikschas sind unsicher, meist teurer als Taxis (mind. 30 Baht pro Fahrt), man schluckt Abgase und wird nicht selten in unseriöse Geschäfte bugsiert. Im Zweifelsfall sofort aussteigen!

SEITENBLICK

Adressen

Bei einer Adresse wie 1/13 Th Sukhumvit, Soi 11 bezeichnet die Zahl vor dem Schrägstrich die Parzelle, auf der das Gebäude steht, die Zahl dahinter das Gebäude bzw. den Eingang. *Thanon* (abgekürzt Th) ist das thailändische Wort für Straße, eine *soi* ist eine meist nur mit Nummer benannte Gasse, die von einer größeren Straße abgeht.

Mit Kindern in der Stadt

Bangkok ist voll, laut und heiß – auf den ersten Blick nicht ideal für einen Urlaub mit Nachwuchs. Dafür sind Thais ausgesprochen kinderlieb und hilfsbereit. In den Restaurants kümmert man sich rührend um die Kleinen, lässt sie ohne Stirnrunzeln herumtoben und bereitet ihnen gerne extramilde Gerichte zu. Kinder unter 12 Jahren zahlen in der Regel nichts, wenn sie im Zimmer ihrer Eltern schlafen. Bessere Hotels haben verlässliche Babysitter an der Hand. Mit dem Kinderwagen kommt man auf Bangkoks vollgestellten und holprigen Bürgersteigen nicht weit – bessere Dienste leisten eine Trage oder ein Wickeltuch. Erholung vom Großstadtstress bieten Bangkoks grüne Oasen. Im **Lumphini Park** › S. 131 und im **Benjakitti Park** › S. 137 können Kinder auf künstlichen Seen Ruder- oder Tretboot fahren und auf Spielplätzen herumtoben.

Begegnungen mit Tieren

Auch im **Dusit Zoo** › S. 115 gibt es einen See samt Bootsverleih und einen Kinderspielplatz, Hauptattraktion sind jedoch die Pandas und weißen Tiger. In den Riesentanks des **Sea Life Bangkok Ocean World** tummeln sich Nemo und seine bunten Freunde, aber auch Haie und Rochen. In einem Glastunnel und bei einer Fahrt mit dem Glasbodenboot kommt man ihnen ganz nah. Mutige dürfen sogar mit den Haien schwimmen. In der Ice-Adventure-Zone kann man bei der Fütterung der Pinguine zusehen.

- **Sea Life Bangkok Ocean World** [F4]
991 Th Rama I. | Siam Paragon
Pathum Wan | Tel. 02 687 2000
www.sealifebangkok.com
Tgl. 10–21 Uhr
Erw. 990 Baht, Kinder 3–11 Jahre
790 Baht
BTS Siam

Jede Menge Action

Im 5. Stock des Siam Paragon wurde mit **KidZania** eine faszinierende Miniwelt eingerichtet, die Kinder spielerisch in die Berufswelt einführt. Kids können in über 80 Rollen schlüpfen – von Augenoptiker und Astronaut über Tankwart und Topmodel bis zum Zahnarzt und Zugführer. Expats schwören auf das klimatisierte **Funarium** hinter dem Supermarkt Carrefour, Bangkoks größten Indoorspielplatz mit Gelegenheiten zum Klettern, Trampolinspringen, Ballspielen, Radfahren und Inlineskaten.

Dream World nördlich des alten Flughafens Don Mueang ist Thailands Antwort auf Disneyland: jede Menge Fahrgeschäfte, Wasserrutschen, Autoscooter, Kartbahn, 3-D-Kino und sogar eine tiefgekühlte Snow Town, wo man mit pneumatischen Rodeln eine Eispiste entlangsausen kann. Im 30 Autominuten außerhalb liegenden Vergnügungspark **Siam Park City** locken ebenfalls Fahrgeschäfte, Spielplätze, Wasserrutschen und Wellenbecken. Auch viele Einkaufszentren bieten Unterhaltung für Kinder, so gehören zum Shoppingkomplex **Asiatique The Riverfront** › S. 126 ein Puppentheater und ein Riesenrad, zur Mall **Central World** › S. 41 eine Eishalle.

- **KidZania** [F4]
  991 Th Rama I. | Siam Paragon
  Pathum Wan | Tel. 02 683 1888
  www.bangkok.kidzania.com
  Mo–Fr 10–17, Sa, So 10.30–20.30 Uhr
  Erw. 690 Baht, Kinder (4–14 Jahre)
  1150 Baht
  BTS Siam

- **Funarium**
  111/1 Soi 26, Th Sukhumvit
  Watthana | Tel. 02 665 6555
  www.funarium.co.th
  Mo–Do 9–18, Fr–So 9–19 Uhr
  Erw. 110 Baht, Kinder bis 105 cm
  200 Baht, bis 13 Jahre 330 Baht
  BTS Phrom Phong und Taxi

- **Dream World**
  Km 7 | Thanon Nakhon Nayok
  Pathum Thani | Tel. 02 533 1152
  www.dreamworld.co.th
  Mo–Fr 10–17, Sa, So 10–19 Uhr
  Packages 1200–1300 Baht
  Stadtbus 538 ab Victory Monument
  oder Fahrdienst des Themenparks

- **Siam Park City**
  203 Th Suan Siam | Khan Na Yao
  Tel. 02 919 7200
  www.siamparkcity.com
  Mo–So 10–18 Uhr
  Erw. 30 $, Kinder 100–130 cm 25 $
  Bus 168 oder 519 ab Victory Monument

Spannende Museen

Das **Museum of Siam** › S. 91 ist mit seinem Multimediaangebot besonders kindgerecht gestaltet. Auch die **Rattanakosin Exhibition Hall** › S. 111 setzt auf spielerisches, interaktives Lernen. Highlight im **Children's Discovery Museum** sind der Dino Detective Park, wo man selbst nach Saurierknochen graben kann, und der Wasserspielplatz im Freien.

- **Children's Discovery Museum**
  4 Th Kamphaeng Phet
  Chatuchak Park | Chatuchak
  Tel. 02 246 6144
  Tgl. 10–16 Uhr
  Eintritt frei
  BTS Mo Chit, MRT Chatuchak

Hotels

Das Angebot an Unterkünften ist in allen Preisklassen enorm, viele bieten ein hervorragendes Preis-Leistungs-Verhältnis. Wer in der Hauptsaison nach Bangkok reist, sollte unbedingt vorausbuchen.

5-Sterne-Luxus ist schon unter 100 Euro zu haben. Mittelklassehotels gibt es um die 50 Euro, saubere Guesthouses für 20 Euro, ein Bett in manchem modernen Hostel sogar für 10 Euro. Die Listenpreise *(rack rates)* der Hotels sind wenig aussagekräftig. Die besseren Häuser liegen nämlich in heftigem Konkurrenzkampf und gewähren bei Buchungen über Reisebüros oder im Internet Rabatte von bis zu 50 %, in der Nebensaison sogar noch mehr. Damit werden selbst feinste Adressen erschwinglich. Die meisten Hotels erheben einen Zuschlag von 17 % für Steuern und Service.

Fast so wichtig wie die Wahl des Hotels selbst ist das Stadtviertel. Wer viele Tempel erkunden möchte, steigt am besten in einem Boutiquehotel am Fluss ab oder wählt ein preiswertes Quartier in Banglamphu rings um die Khao San Road. In der unteren Silom gibt es zahlreiche Mittelklassehotels, während viele Unterkünfte entlang der Thanon Sathorn Tai besonders luxuriös sind. Eine BTS-Station liegt fast immer in fußläufiger Entfernung. Wer ausgedehnte Shoppingtouren durch die Einkaufszentren plant, ist in den recht günstigen Hotels rund um den Siam Square gut aufgehoben. Besonders groß ist das Angebot aller Preisklassen entlang der Thanon Sukhumvit: ideal für Gourmets und Nachtschwärmer. Um Verkehrsstaus muss man sich nicht kümmern, denn der Skytrain rauscht einfach darüber hinweg.

Die lichtdurchflutete Lobby des Mandarin Oriental atmet großzügige Weite

Tophotels

Arun Residence €€€ [B4]

Schön restauriertes sino-portugiesisches Wohnhaus am Fluss. ❗ Fünf stilvoll eingerichtete Zimmer, alle mit grandiosem Wat-Arun-Blick. Toll: die Arun Suite mit großem Balkon. In den Genuss der gigantischen Aussicht kommen auch Gäste des Restaurants The Deck und der Rooftop-Bar Amorosa.

- 36–38 Soi Pratoo Nok Yoong,
  Th Maharat | Rattanakosin
  Tel. 02 221 9158
  www.arunresidence.com
  Tha Tien N8

Como Metropolitan
Bangkok €€€ [F6]

Nach dem Motto »East meets West« in Dunkelbraun und Weiß modern gestylte Zimmer und Suiten. Balinesisch inspiriertes Shambhala Spa, 20 m langer Außenpool, Fitnesscenter und Yogastudio, mehrfach prämiertes Restaurant **nahm** mit kreativer Thai-Küche.

- 27 Th Sathorn Tai | Sathorn
  Tel. 02 625 3333
  www.comohotels.com
  MRT Lumphini

Ibrik by the River €€€ [A3]

Nur drei elegante Zimmer in bester Flusslage in Thonburi. Von der River Suite genießt man einen fabelhaften Balkonblick auf den nachts illuminierten Großen Palast. Das Frühstück wird auf der schönen Dachterrasse serviert.

- 256 Soi Wat Rakhang,
  Th Arunamarin | Thonburi
  Tel. 086 008 5589
  www.ibrikresort.com
  Tha Chang N9, dann Fähre zum Pier
  Tha Rakhang

Luxx Hotel Silom €€€ [E6]

❗ Puristisch gestyltes kleines Boutiquehotel unweit der Thanon Silom. Verglaste Bäder mit japanischer Holzbadewanne. Das noch hippere Schwesterhotel LuxxXL am Lumphini Park bietet Garten und Pool.

- 6/11 Th Decho | Bang Rak
  Tel. 02 635 8800
  www.staywithluxx.com
  BTS Chong Nonsi

Ma Du Zi €€€ [H5]

Kleines, sehr feines Luxushotel. Elegant-moderne, geräumige Zimmer mit Ledermobiliar, Badezimmer mit Whirlpool, viel persönlicher Service. Restaurant mit provenzalischer Gourmetküche.

- 9/1 Th Ratchadaphisek | Khlong Toei
  Tel. 02 615 6400
  www.maduzihotel.com
  BTS Asok

Mandarin Oriental €€€ [D6]

Hotellegende am Chao Phraya mit großer Vergangenheit – ein Abglanz davon spiegelt sich im Author's Wing › S. 125. Perfekter Service, legendäres Restaurant und eines der besten Spas der Welt.

- 48 Oriental Ave. | Bang Rak
  Tel. 02 659 9000
  www.mandarinoriental.com/bangkok
  Tha Oriental, BTS Saphan Taksin

Sala Rattanakosin €€€ [B4]

Schickes, modernes Boutiquehotel direkt am Fluss. Traumblick auf den Wat Arun durch Panoramafenster, in der Arun River View Suite im obersten Stock mit Kingsize-Bett und Whirlpool.

- 39 Th Maharat | Rattanakosin
  Tel. 02 622 1388
  www.salaresorts.com/rattanakosin
  Tha Tien

Kleine Hotel-Juwele

- **Arun Residence:** Restauriertes altes Holzhaus am Fluss mit nur fünf stilvollen Zimmern › S. 31.
- **Ariyasom Villa** €€€ [H4]
  Elegante Unterkunft in einer renovierten Villa aus den 1940er-Jahren mit tropischem Garten am Khlong Saen Saep in der Nähe des Bumrungrad-Hospitals. 24 stilvoll eingerichtete Zimmer, Top-Service, Spa und gutes Restaurant.
  65 Soi 1, Th Sukhumvit | Watthana
  Tel. 02 254 8880
  www.ariyasom.com
  BTS Ploenchit
- **Chakrabongse Villas** €€€ [B4]
  1909 für Prinz Chakrabongse erbauter Palast am Chao Phraya mit herrlichem Garten, Pool und Holzterrasse am Fluss. Vier luxuriöse Villen bzw. Suiten, drei kleinere Zimmer im marokkanischen Stil.
  396 Th Maharat | Rattanakosin
  Tel. 02 622 1900
  www.chakrabongsevillas.com
  Tha Tien N8
- **Luxx Hotel Silom:** Kleines Designhotel mit Zen-Atmospäre › S. 31.
- **Phranakorn-Nornlen** €€ [C1]
  Nachhaltig geführtes kleines Hotel mit liebevoll eingerichteten klimatisierten Zimmern und relaxter Atmosphäre. Thai-Massagen, vegetarisches Frühstück inkl.
  46 Thewet, Soi 1 | Thewet
  Tel. 02 628 8188
  www.phranakorn-nornlen.com
  Tha Thewet N15

Sukhothai Hotel €€€ [F6]
Zimmer und Suiten mit Blick auf einen Lotusteich oder den Pool. Das Design mischt modernes Understatement mit traditionellen Elementen aus Teakholz und Thai-Seide. Im exquisiten Restaurant Celadon werden feine Thai-Spezialitäten serviert. Legendärer Sonntagsbrunch.
- 13/3 Th Sathorn Tai | Sathorn
  Tel. 02 344 8888 | www.sukhothai.com
  MRT Lumphini

W Bangkok €€€ [E6]
Das 31-stöckige Luxushotel vereint futuristisch anmutenden Komfort mit thailändischer Gastfreundschaft. Die Zimmer punkten mit traumhaft guten Betten, einem Luxusbad und Panoramablick.
- 106 Th Sathorn Nua | Sathorn
  Tel. 02 344 4000
  www.whotelbangkok.com
  BTS Chong Nonsi

LiT Bangkok €€ [E3]
Topmoderne kühle Eleganz zu erstaunlich moderaten Preisen. Raffiniert beleuchtete Zimmer mit sehr bequemen Betten. Kleiner Pool im Zwischengeschoss, Fitnessraum und Spa.
- 36/1 Soi Kasemsan 1, Thanon Rama I.
  Pathum Wan | Tel. 02 612 3456
  www.litbangkok.com
  BTS National Stadium Exit 1

Hostels und Guesthouses

Baan Dinso €€ [C3]
Schönes cremefarbenes Teakhaus mit im Kolonialstil eingerichteten Zimmern, in der Nähe der Khao San Road gelegen, aber dennoch ruhig.
- 113 Trok Sin, Th Dinso | Banglamphu
  Tel. 02 622 0560 | www.baandinso.com
  Tha Phra Athit N13

Kissen in Form von Muay-Thai-Boxhandschuhen liegen im W Bangkok auf jedem Bett

Lub D Bangkok Silom €–€€ [E6]
Gepflegtes Hostel mit modernen, geräumigen Zimmern und großen Betten, Klimaanlage, Gratis-WLAN. Einige Zimmer mit warmer Dusche und TV. Freundliches Personal. Zweite Niederlassung am Siam Square (925/9 Th. Rama I.), mit Skytrain-Haltestelle vor der Haustüre.
• 4 Th Decho | Bang Rak
  Tel. 02 634 7999 | www.lubd.com
  BTS Chong Nonsi

Bed Station Hostel € [F3]
Sehr sauberes, industriell gestyltes Hostel mit großen Betten (auch Doppelzimmer) und kommunikativer Lounge.
• 486/149–150 Soi Phetchaburi 16,
  Th Phetchaburi | Ratchathewi
  Tel. 02 019 5477
  www.bedstationhostel.com
  Airport Rail Link Phaya Thai,
  BTS Ratchathewi

Link Corner Hostel € [G3]
Sympathisches Hostel mit einwandfreien Doppel- und Mehrbettzimmern, großen Betten, Aircondition, Gratis-WLAN. Ideale Lage, da der Airport Rail Link fast vor der Haustür hält.
• 86/7 Th Ratchaprarop | Phaya Thai
  Tel. 02 640 0550
  www.linkcornerhostel.com
  Airport Rail Link Ratchaprarop

Nap Park Hostel@Khaosan € [B2]
Freundliches, sehr sauberes modernes Hostel in der Nähe der Khao San Road. Angenehm ruhig, bestens für allein reisende Frauen geeignet. Gratis-WLAN.
• 5 Th Tani | Banglamphu
  Tel. 02 282 2324 | www.nappark.com
  Tha Phra Athit N13

Shanti Lodge € [C1]
Beliebtes Guesthouse mit blitzsauberen Zimmern und Gemeinschaftsbädern. Die teureren Zimmer haben Aircondition und eine heiße Dusche, das Penthouse (€€) sogar einen eigenen Dachgarten. Im Restaurant viel Auswahl für Vegetarier.
• 37 Soi 16, Th Si Ayutthaya | Thewet
  Tel. 02 281 2497
  www.shantilodge.com
  Tha Thewet N15

Essen & Trinken

Die Thai-Küche zählt zu den besten der Welt. Zwar gibt es auch viele sehr milde Gerichte, was aber als scharf bezeichnet wird, ist es auch wirklich. Bestes »Löschmittel« für den Gaumen ist nicht Wasser, sondern Reis.

Das Geheimnis des typischen Duftes und Beigeschmacks vieler Thai-Gerichte: frische Korianderblätter *(phak chee)*, Zitronengras, Ingwer, Tamarinde, drei Sorten von Basilikum sowie Knoblauch und Chili. Klassiker sind die sauer-scharfen *tom-yam-* und *tom-kha-*Suppen sowie die kalten, sauer-scharfen Salate *(yam)*. Das typische Aroma der *tom-*Suppen rührt von Limettenblättern *(bai makhruut)*, Zitronengrasstängeln *(takhrai)* und Galgantwurzeln *(kha)* her, die nicht mitgegessen werden.

Raffiniert wird die Thai-Küche bei den auf der Basis von Kokosmilch zubereiteten Currys: *gaeng karee,* mild mit Kartoffeln; *gaeng massaman,* süß und schwer mit Erdnüssen; *gaeng phet,* leicht, mit vielen roten Zutaten, scharf; *gaeng khieo waan,* mit vorwiegend grünen Zutaten, sehr scharf.

Zu den mit Klebreis gereichten Standardgerichten zählen *gai yang,* gegrilltes Huhn, *larb,* scharfer Fleischsalat mit Minze, *som tam,* scharfer Papayasalat mit Krabben, und *suup naw mai,* scharfer Bambussalat.

Nudeln isst man gebraten *(phat)* sowie gekocht mit Brühe *(naam)* oder ohne Brühe *(haeng)*. Gängige Einlagen sind *luuk jin,* Fleisch- bzw. Fischbällchen, *gieo,* mit Fleisch gefüllte Teigtaschen, *moo daeng,* marinierte Schweinefleischscheiben, sowie Hühner-, Rinder- und Entenfleisch. Dazu gibt es Sojasprossen und anderes Gemüse. Touristen schätzen *phat thai:* schmackhafte, leicht süße Bratnudeln mit Erdnüssen.

Preiswert und an jeder Straßenecke erhältlich sind tropische Früchte – neben Ananas, Papaya und Mango gibt es auch unbekanntere Sorten. An der stacheligen Durian scheiden sich die Geister, wogegen Rambutan, Mangostan, Longan und Rosenapfel jedermann munden.

Ausgehviertel

Streetfoodfans › **Special S. 39** kommen besonders in Chinatown, auf den Nachtmärkten und in der Umgebung der BTS-Stationen auf ihre Kosten. Internationale Gourmetküche servieren viele Luxushotels im Umkreis der Sathorn und Sukhumvit, relativ preiswert schlemmen kann man dort bei Lunch-Buffets oder beim Sonntagsbrunch.

Raffinierte Thai-Küche

Bo.lan €€€
Nachhaltig geführtes Restaurant mit exzellenten, als Degustationsmenüs servierten Thai-Klassikern. Die organisch produzierten Zutaten stammen von Bauern im Umland. Di–So 18–22.30, Sa, So auch 12–14.30 Uhr.
• 24 Soi 53, Th Sukhumvit | Watthana Tel. 02 260 2961 | www.bolan.co.th BTS Thong Lo

Frische Zutaten und die Vielfalt an Kräutern und Gewürzen zeichnen die Thai-Küche aus

Issaya Siamese Club €€€ [H6]

Das von üppigem Grün umgebene alte Haus versteckt sich in einer Gasse unweit der Thanon Rama IV. Hier serviert Ian Kittichai in romantischem Ambiente gerühmte kreative Thai-Küche. Tgl. 11.30–14.30, 18–22.30, Bar bis 1 Uhr.

- 4 Soi Sri Aksorn, Th Chue Ploeng
  Sathorn | Tel. 02 672 9040
  www.issaya.com
  MRT Khlong Toei

nahm €€€ [F6]

Der Australier David Thompson haucht fast schon in Vergessenheit geratenen Rezepten der Thai-Küche neues Leben ein. Tgl. 19–22.30, Mo–Fr auch mittags.

- Im Como Metropolitan Hotel
  27 Th Sathorn Tai | Sathorn
  Tel. 02 625 3388
  www.comohotels.com
  MRT Silom

Sra Bua by Kiin Kiin €€€ [F3]

Molekulare Thai-Küche im eleganten Dekor des Siam Kempinski Hotel, eine höchst spannende Angelegenheit. Vorbild war immerhin das Kiin Kiin Restaurant von Henrik Yde-Andersen in Kopenhagen, das den ersten Michelin-Stern überhaupt für Thai-Küche erhielt. Tgl. 12–15, 18–23.30 Uhr.

- 991/9 Th Rama I. | Pathum Wan
  Tel. 02 162 9000
  www.kempinskibangkok.com
  BTS Siam

Soul Food Mahanakorn €€

Die Idee des Amerikaners Jarrett Wrisley war so einfach wie erfolgreich: Streetfood der Garküchen in einem ansprechenden Restaurantambiente zu servieren. In der Bar werden köstliche Cocktails gemixt. Tgl. 17.30–24 Uhr.

- 56/10 Soi 55, Th Sukhumvit
  Watthana | Tel. 02 714 7708
  www.soulfoodmahanakorn.com
  BTS Thong Lo

Supanniga Eating Room €€

Hier werden einfache, aber vorzügliche Familienrezepte nachgekocht. Am besten isst man in einer Gruppe, um sich die vielen aufgetragenen Leckereien zu tei-

len, so wie man das auch – natürlich nicht so üppig – in der Thai-Familie macht. Tgl. 11.30–14.30, 17.30–23 Uhr.
- 160/11 Soi 55, Th Sukhumvit
  Watthana | Tel. 02 714 7508
  www.supannigaeatingroom.com
  BTS Thong Lo

May Kaidee's € [B2]
Fleischlose Thai-Küche vom Feinsten in einer Seitenstraße der Khao San; die zugehörige Kochschule lehrt die Geheimnisse ihrer Zubereitung. Mo–Sa 9–22 Uhr.
- 59 Th Tanao | Banglamphu
  Tel. 02 629 4413 | www.maykaidee.com
  Tha Phra Athit N13

Panasiatische Spitzenküche
Aston Dining Room & Bar €€€
Einfallsreiche asiatisch-europäische Fusionsküche des jungen Thai-Kochs Zra Jiraratht, modernes Loft-Ambiente. Mo–Sa 18.30–23.30, Bar bis 1 Uhr.
- 68 Soi 31, Th Sukhumvit | Watthana
  Tel. 02 102 2323
  www.astonbkk.com
  BTS Asok/MRT Sukhumvit

Sternekoch Gaggan Anand interpretiert überlieferte indische Rezepte neu

Gaggan €€€ [G4]
»Progressive indische Küche« bringt Gaggan Anand aus Kalkutta auf den Tisch. Er hat im legendären »El Bulli« des Molekular-Papstes Ferran Adrià in Barcelona gelernt. Tgl. 18–24 Uhr.
- 68/1 Soi Lang Suan, Th Ploenchit
  Pathum Wan | Tel. 02 652 1700
  www.eatatgaggan.com
  BTS Chit Lom

Ginza Sushi Ichi €€€ [F4]
Im Erdgeschoss des Grand Hyatt bekommt man das vielleicht beste Sushi Bangkoks. Wilder Blauflossentunfisch und Seeigel werden täglich von Tokios berühmtem Tsukiji-Markt eingeflogen. Di–So 12–14.30, 18–23, So bis 22 Uhr.
- 494 Th Ploenchit | Pathum Wan
  Tel. 02 250 0014
  www.ginza-sushiichi.jp
  BTS Chit Lom

Rang Mahal €€€ [H5]
Rooftop-Restaurant mit raffiniert gewürzter Muglai-Küche bei tollem Blick und indischer Livemusik. Opulenter Sonntagsbrunch. Tgl. 18–24, So 11–14.30 Uhr.
- Rembrandt Hotel
  19 Soi 18, Th Sukhumvit | Khlong Toei
  Tel. 02 261 7100
  www.rembrandtbkk.com
  BTS Asok/MRT Sukhumvit

Yamazato €€€ [G4]
Das im schicken Hotel Okura Prestige eröffnete Restaurant zelebriert das japanische Kaiseki Ryori in Perfektion. Tgl. 11.30–14.30, 18–22.30 Uhr.
- Park Ventures Ecoplex | 57 Wireless Rd.
  Pathum Wan | Tel. 02 687 9000
  www.okurabangkok.com
  BRT Ploen Chit

Kaze Fresh €€–€€€
Sushi ohne Chichi, außerdem einige
Tempura-Optionen. Mo–Fr 12–15,
17.30–23.30, Sa, So 12–23.30 Uhr.
• 318 Soi 55, Th Sukhumvit | Watthana
   Tel. 02 392 3544
   BTS Thong Lo

Face Bangkok €€
Das Teakhausensemble versammelt drei
Restaurants mit nordindischer, thailändi-
scher und japanischer Küche. In der Face
Bar im Erdgeschoss gibt's leckere Nudel-
suppen. Tgl. 17–23.30 Uhr.
• 29 Soi 38, Th Sukhumvit | Watthana
   Tel. 02 713 6048
   www.face-bangkok.com
   BRS Thong Lo

Le Dalat €€ [H4]
Altes zweistöckiges Thai-Haus, dekoriert
mit Antiquitäten und chinesischer Lack-
malerei. Die hier servierte vietnamesi-
sche Küche ist die vermutlich beste in
Bangkok. Unbedingt probieren: Shrimps
in Tamarindensoße! Tgl. 11.30–14.30,
17.30–22.30 Uhr.
• 57 Soi 23 (Prasarnmitr), Th Sukhumvit
   Watthana | Tel. 02 259 9593
   www.ledalatbkk.com
   BTS Asok/MRT Sukhumvit

International
Eat Me €€€ [F6]
Gefeierte asiatisch-australisch-kaliforni-
sche Fusionsküche des New Yorker
Chefs Tim Butler. Hip, aber relaxt und
kein bisschen arrogant. Die Bar serviert
tolle Cocktails. Tgl. 15 1 Uhr.
• 1/6 Soi Phiphat 2, Convent Rd.
   Bang Rak | Tel. 02 238 0931
   www.eatmerestaurant.com
   BTS Sala Daeng

❗ Erst-klassig

Die besten Food-Courts

Jedes Einkaufszentrum in Bangkok
hat seinen eigenen Food-Court, in
dem man gut, hygienisch einwand-
frei und zudem günstig isst (alle
tgl. 10–22, Siam Centre bis 21 Uhr,
überwiegend €).
• Das Food Loft im 7. Stock des
   Central Chidlom › S. 41 ist ideal
   für Leute, die Showküche lieben.
   Panasiatische und italienische
   Gerichte.
• Fast schon nobel gibt sich die
   Food Hall im 5. Stock des Luxus-
   einkaufszentrums **Emporium**
   › S. 41. Bezahlt wird mit einer
   aufladbaren Geldkarte, die man
   vor Ort bekommt.
• Eine hervorragende Adresse für
   Thai-Küche aus allen Landestei-
   len, allerdings etwas hektisch ist
   das Food Centre im 6. Stock des
   MBK › S. 42. Ruhiger und inter-
   nationaler geht es im Fifth Food
   Avenue (5. Stock) zu.
• Food Republic im 4. Stock des
   Siam Center › S. 42 gilt als cool
   und hip. Leckere Nudelsuppen,
   knackfrisches Seafood.
• Nicht zu toppen ist die Auswahl
   in der schicken Food Hall im Untergeschoss des **Siam Paragon**
   › S. 42. Auch hier werden Bezahl-
   karten ausgegeben.
• Als besonders familienfreundlich
   gilt Pier 21, der nach dem Vorbild
   der Fisherman's Wharf in San
   Francisco gestylte Food-Court im
   5. Stock des **Terminal 21** › S. 42.

L'Atelier de Joel Robuchon €€€ [E6]

Olivier Limousin serviert höchst fotogene, klassisch französische Haute Cuisine mit asiatischen Akzenten rund um eine große offene Küche. Kleine Mittagsmenüs gibt es schon ab 950 Baht, abendliche Degustationsmenüs ab 5000 Baht. Tgl. 11.30–14, 18.30–22 Uhr.
• Maha Nakhon Cube | 5th Floor
  96 Th Narathiwas Ratchanakharin
  Bang Rak | Tel. 02 001 0698
  www.robuchon-bangkok.com
  BTS Chong Nonsi

Mezzaluna €€€ [D6]

Innovative Gourmetküche im 65. Stock des Lebua State Tower. Der japanische Chef, Ryuki Kawasaki, hat in Lyon gelernt. Di–So 18–1 Uhr.
• 1055 Th Silom | Bang Rak
  Tel. 02 624 9555
  www.lebua.com/mezzaluna
  BTS Saphan Taksin

Vertigo €€€ [F6]

Das Vertigo teilt sich mit der Moon Bar die Dachterrasse des Banyan Tree Hotel. Feine Barbecue-Gerichte bei Superaussicht. Tgl. 17–1 Uhr.
• Banyan Tree Hotel
  21/100 Th Sathorn Tai | Sathorn
  Tel. 02 679 1200
  www.banyantree.com
  MRT Lumphini

Appia €€–€€€

Echte Trattoria mit fabelhafter hausgemachter Pasta und Cucina romana. Tgl. 18.30–23, So auch 11.30–14.30 Uhr.
• 20/4 Soi 31, Th Sukhumvit
  Watthana | Tel. 02 261 2056
  www.appia-bangkok.com
  BTS Asok/MRT Sukhumvit

Bei Otto €€

Schweinshaxen, Würste, feine Backwaren und deutsche Biere lindern Heimwehsymptome. Im Laden gibt es importierte Lebensmittel. Tgl. 8–23 Uhr.
• 1 Soi 20, Th Sukhumvit | Khlong Toei
  Tel. 02 260 0869
  www.beiotto.com
  BTS Asok/MRT Sukhumvit

La Bottega di Luca €€

Authentische italienische Küche, feine, ständig wechselnde Pastaspezialitäten. Tolle Weinkarte mit überwiegend italienischen Gewächsen. Di–So 11–15, 17–23, Mo nur 17–23 Uhr.
• Terrace Building | 2nd Floor
  49 Soi 49, Th Sukhumvit | Watthana
  Tel. 02 204 1731
  www.labottega.name
  BTS Phrom Phong

Seven Spoons €€ [C2]

Sehr leckere mediterrane Küche in der Altstadt mit vielen Optionen für Vegetarier. Die Cocktails sind sensationell. Tgl. 18–24, Mo–Sa auch 11–15 Uhr.
• 22 Th Chakkrapatipong
  Pom Prap Sattru Phai | Tel. 02 629 9214
  www.sevenspoonsbkk.com
  BTS Ratchathewi und Tha Phan Fa

Pala Pizza €–€€ [H5]

Pizzen sind in Bangkok in der Regel kulinarische Katastrophen, hier schmeckt die Holzofenpizza fast wie in Rom: luftig, knusprig und mit frischen Zutaten. Tgl. 8–23 Uhr.
• Passage zwischen BTS Asok und
  MRT Sukhumvit | Watthana
  Tel. 02 259 1228
  www.palapizzabangkok.com
  BTS Asok/MRT Sukhumvit

Im Garküchenhimmel

Als CNN 2016 Bangkok zur Stadt mit dem besten Streetfood kürte, zeigte sich Premierminister Prayut Chan-o-cha hocherfreut. Gleichzeitig macht er aber Bangkoks unzähligen Garküchen das Leben immer schwerer. 2017 traf es die Straßenstände an der BTS-Station Thong Lo: Freie Gehsteige sind den derzeitigen Machthabern offenbar wichtiger als die preiswerte Versorgung der Bevölkerung und die Existenz zahlloser mobiler Küchenstände. Dort kochen überwiegend Hausfrauen aus frischen Zutaten Gerichte, die sie bestens beherrschen, und laufen damit professionellen Köchen oft den Rang ab. Es gibt nur das, was man sieht – ganz ohne Sprachprobleme wählt man einfach durch Deuten mit dem Finger aus. Lediglich zwei Ausdrücke sollte man sich merken: *»Jimm dai mai?«* heißt »Darf ich probieren?« (und natürlich darf man!), *»Pet mai?«* (»nicht

scharf?«) entspricht wiederum einer Brandschutzversicherung. Lautet die Antwort *»Mai pet«* (»nicht scharf«), ist man auf der sicheren Seite – einigermaßen sicher, denn pikant ist das Gericht oft immer noch. *»Pet pet«* (»sehr scharf«) ist dagegen als Feueralarm zu werten.

Soziale Gleichmacher

An den Straßenständen schlürfen Konzernbosse und Prominente ihre Nudelsuppe neben Sekretärinnen und Arbeitern. Auf zwei Dinge sollte man achten: Volle Tische, viel Betrieb und eine Schlange hungriger Gäste sind eine Garantie für kulinarischen Hochgenuss. Wer an der Hygiene zweifelt, achtet am besten darauf, wie Geschirr, Besteck, Töpfe und Pfannen gespült werden. Etwas mehr Vorsicht empfiehlt sich bei Getränken. Am besten trinkt man nur aus original verschlossenen Flaschen. Eines sind Straßen-

Tische und Stühle auf dem Gehsteig – für die Stadtväter neuerdings ein Ärgernis

küchen nicht, nämlich gemütlich oder gar romantisch. Man sitzt, wenn überhaupt vorhanden, auf Klappstühlen aus Plastik an wackeligen Klapptischen, abends meist unter grellem Neonlicht. Das interessiert die Thais, ob arm oder reich, aber überhaupt nicht: Ihre Kriterien sind andere: knackfrische Zutaten (am besten noch fast lebendig) sowie Köchinnen und Köche, die mit Witz und Freundlichkeit für möglichst viel *sanuk* sorgen.

Streetfood-Hochburgen

Bangkoks beste Anlaufadressen sind neben Chinatown besonders Banglamphu (nördlich des Tempelbezirks der Altstadt), die Stände des Samyan Market in der Nähe der Hualamphong Railway Station, der Umkreis der Skytrain- und MRT-Stationen im Geschäftsbezirk Silom/Sathorn und diverse Sois der Thanon Sukhumvit, die ebenfalls schnell mit dem Skytrain zu erreichen sind. Die Food-Courts der Malls rund um den Siam Square (besonders der des MBK Centre) eignen sich zum Hineinschnuppern für Vorsichtige. Auch auf den Nachtmärkten › S. 44 wird bis spät in die Nacht gebrutzelt.

Adressen in Chinatown

Neben den im Kapitel Chinatown genannten Adressen **Nai Jui**, **Chujit Xie Shark Fin** und **Guaythiew Lod** › S. 121 schmeckt es an den folgenden Garküchen besonders gut:

- **Jay Paew** € [C4]
  Hier sollte man grüne Mango mit Fisch *(mamuang nam pla wan)* probieren, eine exotische, aber wunderbare Kombination. Tgl. 9–24 Uhr.
  Ecke Thanon Yaowarat/Plaeng Nam
- **Jek Pui Curry Shop** € [C4]
  Spezialität ist Panang-Curry mit Schweinefleisch. Tgl. 15.30–21.30 Uhr.
  Thanon Mangkon
- **Lim Lao Ngo** € [D4]
  Toll: die klare Fischbrühe mit Nudeln und Fischbällchen. Tgl. 19–23 Uhr.
  Food-Court der Thanon Song Sawat
- **Nai Mong Hoy Tod** € [D4]
  Fabelhafte Austern- und Muschel-Omeletts. Tgl. 11–21.30 Uhr.
  539 Soi Prapachai (nahe der Kreuzung Thanon Plaeng Nam/Charoen Krung)
- **Sieng Gi** € [D4]
  Fisch und Seafood vom Allerfeinsten, üppige Portionen, himmlische Brühe. Tgl. 17–23 Uhr.
  Linke Straßenseite der Trok Ma Geng, hinter dem Grand China Hotel
- **T & K Seafood** € [D4]
  Der Seebarsch mit Limettendressing ist einfach zum Niederknien. Tgl. 16.30–21.30 Uhr.
  49–51 Soi Phadung Dao, Thanon Yaowarat

Shopping

Bangkok ist ein Shoppingparadies. In traditionellen Geschäften, auf bunten Märkten und in hypermodernen Einkaufszentren findet man alles, was die Konsumwelt zu bieten hat – vom Schnäppchen auf dem Grabbeltisch bis zu luxuriöser Designerware.

Lohnend für einen Einkaufsbummel sind **Silom Village** und **Silom Plaza** mit vielen Restaurants, Cafés und Boutiquen, beide an der Thanon Silom. Hypermoderne Einkaufszentren sind **Siam Centre** und **Siam Paragon** am Siam Square, **Central World** und **Gaysorn Plaza** im Bereich der Thanon Ratchadamri sowie **Sukhumvit Plaza** und **Emporium** im Bereich der Thanon Sukhumvit. Auf dem **Skywalk** kann man viele Shoppingzentren geschützt vor Sonne und Regen erreichen. An der Thanon Charoen Krung um das Oriental Hotel konzentrieren sich Antiquitäten- und Schmuckläden; Antiquitäten und gute Schneider findet man im Shoppingcenter **River City**. Fundgruben für Stoffe sind die Sois an der Sukhumvit, in Chinatown der indische **Pahurat-Markt** und das gegenüberliegende **Old Siam Plaza**.

Shopping Center

Fast alle Malls haben tgl. von 10 bis 22 Uhr geöffnet.

Central Chidlom [G4]

! Thailands größte Kaufhauskette bietet eine exzellente Auswahl an Schmuck, Mode und Stoffen; es gibt auch ein Seidengeschäft von Jim Thompson.
• 1027 Th Ploenchit | Pathum Wan
  www.central.co.th
  BTS Chit Lom

Central World [F4]

Mit 1 Mio. m² Verkaufsfläche angeblich Südostasiens größte Mall. Die Auswahl an nationalen und internationalen Geschäften ist überwältigend. Außerdem gibt es hier ein Multiplexkino und viele Restaurants. **50 Dinge** ㊱ › **S. 16.**
• 999/9 Th Rama I. | Pathum Wan
  www.centralworld.co.th
  BTS Chit Lom

Emporium

! Schicke Mall an der Sukhumvit. Wer edle, aber durchaus erschwingliche Mitbringsel sucht, steuert den 6. Stock an.
• 622 Th Sukhumvit (zw. Soi 24 und 26) Khlong Toei | www.emporium.co.th
  BTS Phrom Phong

Die Seidenstoffe auf dem Pahurat-Markt schillern in allen Farben des Regenbogens

Gaysorn Village [F/G4]

Hat sich mit viel weißem Marmor und Chrom gerade neu erfunden. Europäische Nobelmarken, aber auch Thai-Designer wie Fly Now, Senada und Sretsis.

- 999 Th Ploenchit | Pathum Wan
  www.gaysornvillage.com
  BTS Chit Lom

MBK Center [E4]

In dieser siebenstöckigen Mall geht es aufgrund der moderaten Preise für Mode und Elektronik besonders hektisch zu.
! Der Food-Court ist fantastisch.

- 444 Th Phaya Thai/Rama I.
  Pathum Wan
  www.mbk-center.co.th
  BTS Siam oder Ratchathewi

Siam Centre [F4]

! Treffpunkt junger Fashion Victims, allerdings eher auf Thai-Maße abonniert.

- Siam Tower | Thanon Rama I./Phaya Thai
  Pathum Wan | www.siamcenter.co.th
  BTS Siam

Siam Discovery [F4]

Viele internationale Labels und Thailands grandiosestes Kino, das Grand EGV.
50 Dinge ㉟ › S. 16.

- 989 Th Rama I./Phaya Thai
  Pathum Wan
  www.siamdiscovery.co.th
  BTS Siam

Siam Paragon [F3/4]

! Über 250 Läden und zahlreiche Attraktionen. Im 2. Stock sind Luxusautos zu bewundern. Mode gibt's in allen gängigen europäischen Größen.

- 991/1 Th Rama I. | Pathum Wan
  www.siamparagon.co.th
  BTS Siam

Terminal 21 [H4]

Die Ebenen dieser Nobelmall möchten das Flair von Weltstädten wie San Francisco, Paris, London und Istanbul bieten. **!** Toller Food-Court.

- 288 Soi 19 Th Sukhumvit/Asok Montri
  Watthana | www.terminal21.co.th
  BTS Asok/MRT Sukhumvit

Antiquitäten

Ashwood Gallery [D6]

Im 3. Stock des renovierten Oriental Plaza (OP Place) findet man die erlesensten Antiquitäten Südostasiens, alle mit Zertifikat und Ausfuhrgenehmigung.

- 30/1 Soi 38, Th Charoen Krung
  Bang Rak | www.opthai.com
  BTS Saphan Taksin

House of Chao [E6]

Antiquitäten aus Myanmar in einem alten Gebäude etwas abseits der Silom, darunter Porzellanvasen, Buddhastatuen und Teakholzmöbel.

- 9/1 Th Decho | Bang Rak
  BTS Chong Nonsi

River City [D5]

Ein Einkaufszentrum nur für Antiquitäten! Hier werden monatliche Auktionen abgehalten. Einen Besuch lohnt u. a. die **Dech Gallery** im 4. Stock (Shops 427 und 448)

- 23 Trok Rongnamkhaeng
  Sampan Thawong
  www.rivercitybangkok.com
  Tha Sri Phaya N3

Bücher

Asia Books [F4]

Größte Auswahl an (teilweise selbst publizierten) englischsprachigen Büchern über Thailand und Asien. Flagship-Store

Im Siam Paragon sind Luxuslabels von Gucci bis Lamborghini vertreten

im Einkaufszentrum Central World, zahlreiche weitere Filialen.
- 999/9 Th Rama I. | Pathum Wan
  www.asiabooks.com
  BTS Chit Lom

Design und Wohnaccessoires
56th Studio
Das Team um die Designer Saran Yen Panya und Napawan Tuangkitkul, die schon zahlreiche Preise abgeräumt haben, bietet einheimisches Avantgarde-Design vom Feinsten – modern, farbenfroh, mit ethnischen Zitaten.
- 235/10–11 Soi 31, Th Sukhumvit
  Watthana
  www.56thstudio.com
  MRT Phetchaburi

Paya
Von Thailands Bergvölkern kunstvoll aus Baumwolle gewebte farbenfrohe Stoffe, alte und neue Holzmöbel sowie ausgewählte Wohnaccessoires.
- 203 Soi Thong Lor 10, Sukhumvit Soi 55
  Watthana | Tel. 02 711 4457
  www.payashop.net
  BTS Thong Lo

Galerien
H Gallery [E6]
Eine der bedeutendsten Galerien Bangkoks für aufstrebende Künstler aus Thailand und Südostasien in einem 125 Jahre alten Haus im Kolonialstil.
- 201 Soi 12, Th Sathorn Nua
  Bang Rak
  www.hgallerybkk.com
  BTS Chong Nonsi

La Lanta Fine Art
Viele junge Talente, aber auch etablierte Künstler wie Preecha Thaothong, Thanawat Promsuk und Wittawat Tongkeaw.
- 245/14 Soi 31, Th Sukhumvit
  Watthana
  www.lalanta.com
  BTS Asok

Numthong Gallery at Aree
Eine der wichtigsten Anlaufadressen für zeitgenössische Kunst aus Thailand, auch Fotografie und Kurzfilme.
- 72/3 Aree 5, Th Phahonyothin
  Phaya Thai
  www.gallerynumthong.com
  BTS Ari

Die angesagtesten Nachtmärkte

- **Chatuchak Friday Night Market:** Freitagabends kann man hier relaxt auf Schnäppchenjagd gehen. Interessant sind vor allem die Mode lokaler Designer und das Angebot der Garküchen. Geöffnet sind die Sektionen 12, 14, 16, 18 und 20. 2 Th Kamphaeng Phet, Fr ab 22 Uhr, BTS Mo Chit, MRT Chatuchak Park.
- **Green Vintage Night Market:** Ganz in der Nähe des Chatuchak Weekend Market. Das schicke Publikum stöbert nach Mode und Deko. 3 Th Kamphaeng Phet, Fr–So 17–24 Uhr, BTS Mo Chit, MRT Chatuchak Park.
- **Siam Gypsy Junction:** Bangkoks neuester Secondhandmarkt, eine Fundgrube für Nostalgiker in der Nähe der MRT-Station Bang Son, Mi–So 18–1 Uhr.
- **Rot Fai Market 2:** Toller Straßenbasar gleich hinter der Mall The Esplanade, mit Sammlerstücken, Antiquitäten, Mode und Deko, dazu ein fabelhaftes Angebot an Streetfood und Musikunterhaltung. Gleich neben der MRT Thai Cultural Center, Do–So 17–1 Uhr.
- **Rot Boran Market** (Classic Car Market): Cooler Markt bei der Mall The Walk, mit alten Autos, vor denen die Händler ihre Schätze ausbreiten. Taxi nehmen. The Walk, 12/6 Th Prasert-Manukitch, Di und Do 17–24 Uhr.

Kunsthandwerk

Exotique Thai [F3/4]
Kunsthandwerk aus allen Landesteilen und Spaprodukte (Harnn, Thann, Panpuri) im 4. Stock des Siam Paragon.
- 991 Th. Rama I. | Pathum Wan
  www.siamparagon.com
  BTS Siam

Narai Phand [G4]
Von der thailändischen Regierung betriebenes Kunstgewerbezentrum im Erdgeschoss des President Tower. Seladon-Keramik und Benjarong-Porzellan, Lackwaren, Bronzefiguren u.v.m.
- 973 Th Ploenchit | Pathum Wan
  www.naraiphand.com
  BTS Chit Lom

Otop Heritage [G4]
Beste Qualität im 4. Stock des Central Embassy: Silberwaren, Schnitzkunst, Keramik, Schmuck, Seide, Baumwollstoffe.
- 1031 Th Ploenchit | Pathum Wan
  www.otopheritage.com
  BTS Ploenchit

Rasi Sayam
In Handarbeit gefertigte Heimtextilien und Wohnaccessoires aus ganz Thailand, von den Inhabern mit Geschmack und viel Kenntnis ausgewählt.
- 82 Soi 33, Th Sukhumvit | Pathum Wan
  BTS Phrom Phong

Siam Bronze [D6]
Der kleine Laden von Charles und Bupha Smutkochorn verkauft Erlesenes aus Bronze: Besteck, Kelche, Servierplatten, Serviettenringe und Weinkühler.
- 1250 Th Charoen Krung | Bang Rak
  www.siambronze.com
  BTS Saphan Taksin

Stoffe, Mode, Accessoires

Almeta

In Nordthailand hergestellte hochwertige Seidenstoffe. Die Auswahl ist enorm: über 1000 Farbvarianten, wunderschöne Schals, Hemden, Kissen- und Bettbezüge.

• 20/3 Soi 23, Th Sukhumvit
  Watthana | www.almeta.com
  BTS Asok/MRT Sukhumvit

Asava [F3/4]

Polpat Asavaprapa schneidert zeitlos-elegante Mode mit fließenden Silhouetten und ungewöhnlichen Schnitten für selbstbewusste Frauen. Im Siam Paragon.

• 991 Th. Rama I. | Pathum Wan
  www.asavagroup.com
  BTS Siam

Disaya [G4]

Thai-Label, das auch von Celebrities geschätzt wird. Der Shop im Central Embassy führt eine erlesene Auswahl der unverwechselbaren Mode von Disaya Sorakraikitikul.

• 1031 Th. Ploenchit | Pathum Wan
  www.disaya.com
  BTS Chit Lom

Ease Embroidery [G4]

Außerordentlich schöne und in modernem Design bestickte Wandbehänge und Kissenbezüge. Shop im Central Embassy.

• 1031 Th Ploenchit | Pathum Wan
  BTS Chit Lom

Fly Now [F3/4]

Weltbekanntes Thai-Label von Chamnam Pakdisuk für Frauen, die dramatische Auftritte lieben, im Siam Paragon.

• 991 Th. Rama I. | Pathum Wan
  www.flynowbangkok.com
  BTS Siam

Einheimischer Trendsetter: das Label Fly Now

Pasaya [F3/4]

Wandteppiche, Vorhänge, Bettwäsche und Sitzbezüge aus nachhaltig produzierten Stoffen mit erlesenem Design im 3. Stock des Siam Paragon.

• 991 Th Rama I. | Pathum Wan
  www.pasaya.com
  BTS Siam

Rajawongse Clothiers [H4]

Hervorragende, alteingesessene Maßschneiderei in der Nähe des Landmark Hotel, die viele ihrer Kunden bereits seit Jahrzehnten einkleidet. Schnell, professionel, zuvorkommend.

• 130 Th Sukhumvit, Nähe Soi 4
  Watthana
  www.dress-for-success.com
  BTS Nana

Tango [F4]

Der Shop im 3. Stock des Siam Centre führt edle Accessoires der besten thailändischen Lederdesigner: von der Handtasche bis zur iPhone-Hülle, alles in farbenfroh-kühnen Thai-Mustern.

• 979 Th Rama I. | Pathum Wan
  www.tangothailand.com
  BTS Siam

Am Abend

Bessere Optionen als Patpong gibt es genug: Sky Bars mit fantastischem City-Panorama, elegante Lounges, Piano- und Jazzklubs, Hightechdiskotheken, professionelle Transvestiten- und Folkloreshows.

In der allgemein als RCA bekannten Royal City Avenue im Bezirk Huai Khwang reihen sich auf 2 km zwischen Thanon Rama IX. und Thanon Phetchaburi Klubs und Bars aneinander. In der hippen Thanon Tanao treffen sich jugendliche Thais bei Bier und Cocktails. Die Yuppies schwärmen in die Tanztempel der Sukhumvit aus.

Aktuelle Veranstaltungstipps auf Englisch findet man im »Guru Magazine«, das am Freitag der »Bangkok Post« beiliegt, im »Best of the Week« (ebenfalls Freitag in »The Nation«) sowie im »BK-Magazine« (www.bk.asia-city.com), das jede Woche kostenlos in vielen Cafés und Hotels ausliegt.

Show, Tanz und Theater

Calypso Cabaret
Travestieshow mit charmsprühenden *kathoeys*. **50 Dinge** ⑩ › S. 17.
- Asiatique The Riverfront
  Bang Kho Laem | Tel. 02 688 1415
  www.calypsocabaret.com
  BTS Saphan Taksin, dann Bootsshuttle

National Theatre
Klassischer Tanz und Dramen › S. 81.

Sala Chalerm Krung Royal Theatre [B/C4]
Aufführungen des traditionellen Maskentheaters *khon*, das Szenen aus dem Ramakien inszeniert.
- 66 Th Charoen Krung | Rattanakosin
  Tel. 02 222 0434
  www.salachalermkrung.com
  BTS Saphan Taksin

Siam Niramit
Die aufwendige Show inszeniert mit Tänzen, Musik und vielen Spezialeffekten Thailands kulturelle Highlights, darunter das zauberhafte Lichterfest Loy Krathong. Tgl. 20 Uhr, 1500–2000 Baht.
- 19 Th Tiamruammit | Huai Khwang
  Tel. 02 649 9222
  www.siamniramit.com
  MRT Thailand Cultural Centre, Exit 1, ab dort Shuttleservice

Thailand Cultural Center
Opern, Symphoniekonzerte, moderner Tanz und Ballett.
- Thanon Ratchadaphisek | Huai Khwang
  Tel. 02 247 0028
  MRT Thai Cultural Center

Sky Bars

Above Eleven [H4]
Schicke, aber unprätentiöse Rooftop-Bar im 33. Stock der Fraser Suites mit vorzüglicher japanisch-peruanischer Küche und fabelhafter Aussicht auf Bangkoks Skyline. Tgl. 18–2 Uhr.
- Soi 11, Th Sukhumvit | Watthana
  Tel. 083 542 1111
  www.aboveeleven.com
  BTS Nana

Hoch über den Straßen Bangkoks beschert die Moon Bar unvergessliche Sonnenuntergänge

Long Table [H5]

Thai-Tapas und Sundowner auf dem Aussichtsbalkon im 25. Stock des Column Tower. Spitze: die Hauscocktails Som-O and Salty Soi Dog. Tgl. 17–2 Uhr.
- Soi 16, Th Sukhumvit | Watthana
  Tel. 02 302 2557
  www.longtablebangkok.com
  BTS Nana

Moon Bar [F6]

Der Sonnenuntergangsblick vom 61. Stock des Banyan Tree Hotel gehört zum Pflichtprogramm eines Bangkok-Besuchs. Dazu genießt man den eigens dafür kreierten Cocktail Vertigo Sunset. Tgl. 17–1 Uhr.
- 21/100 Th Sathorn Tai | Watthana
  Tel. 02 679 1200
  www.banyantree.com
  MRT Lumphini

Red Sky [F4]

Vom 55. Stock des Centara Grand ist der Blick auf die funkelnde futuristische Skyline besonders eindrucksvoll. Ideal für einen Sundowner nach einem Shoppingnachmittag in den umliegenden Einkaufszentren. Tgl. 16–1 Uhr.
- 999/99 Th Rama I. | Pathum Wan
  Tel. 02 100 1234
  www.centarahotelsresorts.com/redsky
  BTS Chit Lom

Sky Bar [D6]

Inzwischen legendäre Bar im 63. Stock des The Dome at Lebua. Seit ihrem Auftritt im gleichnamigen Blockbuster auch »The Hangover Bar« genannt. Angeblich speziell für die Filmcrew kreiert wurde der Cocktail Hangovertini. Tgl. 17–1 Uhr.
- 1055 Th Silom | Bang Rak
  Tel. 02 624 9555
  www.lebua.com/sky-bar
  BTS Saphan Taksin

Bars und Lounges

A. R. Sutton & Co. Engineers Siam

Unspektakuläre Lage im Erdgeschoss des Einkaufszentrums Park Lane Ekkamai, aber die Innenausstattung des australischen Bardesigners Ash Sutton lohnt

ebenso den Besuch wie die gehaltvollen Cocktails. Tgl. 18–24 Uhr.
- Park Lane Mall | Thanon Ekkamai Watthana | Tel. 02 714 2269 BTS Ekkamai

Bamboo Bar [D6]
Die legendäre Bar des Mandarin Oriental wurde 2014 komplett renoviert, doch die Atmosphäre und das Dschungel-Ambiente sind geblieben. Neu ist das von preisgekrönten Mixologen kreierte Getränkekonzept. Livejazz tgl. ab 21 Uhr. So–Do 17–1, Fr, Sa 17–2 Uhr.
- 48 Oriental Ave. | Bang Rak Tel. 02 659 9000 www.mandarinoriental.com/bangkok BTS Saphan Taksin

BarSu [H5]
Die cool gestylte Lounge im Sheraton Grande Sukhumvit spricht mit Retro-Sound, leckerem Barfood und guter Cocktailkarte ein etwas reiferes Publikum an. Tgl. 17.30–1 Uhr.

- 250 Th Sukhumvit | Khlong Toei Tel. 02 649 8358 www.barsubangkok.com BTS Asok

Foreign Correspondents Club of Thailand [G4]
Im Penthouse des Maneeya Center hängen die Journalisten ab, Nichtmitglieder sind aber jederzeit willkommen. Viele Veranstaltungen und natürlich Nachrichtenbörse par excellence. Fr abends Livejazz. Mo–Fr 11–23 Uhr.
- 518/5 Th Ploenchit | Pathum Wan Tel. 02 652 0580 | www.fccthai.com BTS Chit Lom

Hippie De Bar [B2]
Angenehm relaxte Bar in der turbulenten Khao San Road, Sitzplätze drinnen und draußen, trotz der Lage erstaunlich wenige Ausländer. Tgl. 15–2 Uhr.
- 46 Khao San Rd. | Banglamphu Tel. 081 820 2762 Tha Phra Athit

Eine Institution in Sachen Blues und Jazz ist der Saxophone Pub

Vogue Lounge [E6]

Ultraluxuriöse Lounge des »Vogue Magazine« im 6. Stock, in der man gar nicht schick genug angezogen sein kann, um den Hauscocktail Maha Nakhon Julep zu probieren. Tgl. 17–24 Uhr.

- Maha Nakhon CUBE
  96 Th Narathiwat Ratchanakharin
  Bang Rak | Tel. 02 001 0697
  www.voguelounge.com
  BTS Chong Nonsi

Musiklokale

Brown Sugar [C2]

Auch nach dem Umzug in größere Räume wird wie seit 30 Jahren jeden Abend bester Livejazz gespielt, zu vorgerückter Stunde auch Soul, Funk und R & B. Di–So, So 17–1, Fr, Sa 17–5 Uhr.

- 469 Th Phra Sumen | Rattanakosin
  Tel. 02 282 0396
  www.brownsugarbangkok.com

Saxophone Pub [F2]

Jazz-, Blues-, Ska- und Reggae-Livemusik seit 1987. So Jam Session, Mo spielt ab Mitternacht der legendäre Saxofonist Koh Saxman. Nicht minder gut ist die Ped's Band (Fr, Sa). Tgl. 17–2 Uhr.

- 3/8 Th Phaya Thai | Ratchathewi
  Tel. 02 246 5472
  www.saxophonepub.com
  BTS Victory Monument

The Living Room [H4]

Die Bar im Sheraton Grande Sukhumvit zählt zu den Top-Locations für Livejazz in relaxter Atmosphäre bei einem Drink. **50 Dinge** ⑳ › S. 14. Tgl. 9–24 Uhr.

- 250 Th Sukhumvit | Khlong Toei
  Tel. 02 649 8353
  www.thelivingroomatbangkok.com
  BTS Asok/MRT Sukhumvit

Klubs und Diskotheken

Cé La Vi [E6]

Nightlifepalast (hieß bis 2016 Ku de Ta) im 39./40. Stock des Sathorn Square Building mit traumhaftem Stadtpanorama. Großer Dancefloor mit Lightshow, mehrere Bars, zwei Restaurants und exklusive VIP-Areale. Tgl. 18–3 Uhr.

- 98 Th Sathorn Nua | Bang Rak
  Tel. 02 108 2000 | www.bkk.celavi.com
  BTS Chong Nonsi

Glow [H4]

Angesagter zweistöckiger Nachtklub für Late-Night-Gäste, die auf Underground House und Drum 'n' Bass mit viel Laser und LED-Beleuchtung stehen. Oft legen Top-DJs auf. Im oberen Stock kann man auf Daybeds chillen. Tgl. 19–3 Uhr.

- 96/4–5 Soi 23, Th Sukhumvit
  Watthana | Tel. 086 614 3355
  BTS Asok/MRT Sukhumvit

Route 66

Riesiger Klub mit unterschiedlichen Zonen für Hip-Hop, Thai-Pop, Techno und Trance. Neben Auftritten angesagter DJs auch Liveacts. Junges Publikum, moderate Getränkepreise. Tgl. 20–2 Uhr.

- Royal City Avenue Building
  29/33–48 Soi Soonvijai, Th Rama IX.
  Bang Kapi | Tel. 02 203 0936
  www.route66club.com
  MRT Rama IX.

The Club [B2]

Drum 'n' Bass, House, Tribal und zuckende Farblaser. Donnerstags Full Moon Party à la Ko Phangan, mit psychedelischer Trancemusik. Tgl. 22–3 Uhr.

- 123 Khao San Rd. | Banglamphu
  Tel. 02 629 1010
  www.theclubkhaosan.com

Thai-Massage und Wellness

Drücken und Dehnen

Die klassische Thai-Massage beruht auf der Annahme, dass viele physische und psychische Probleme ihre Ursache in Blockaden der zehn Energielinien *(sip sen)* haben. Der Masseur stimuliert diese Meridiane durch sanfte Dehnungen, Gelenkmobilisationen und das Setzen von Druckpunkten. Dabei setzt er nicht nur die Hände ein, sondern arbeitet mit Ellbogen, Knien, Füßen und dem eigenen Körpergewicht.

Spricht der Masseur kein Englisch, deutet man einfach auf Körperstellen, die man nicht massiert haben möchte, und sagt »mai sabai« (»nicht gut«). Tut es richtig weh, klagt man sein Leid mit »jep jep« (»es schmerzt sehr«), und »bao bao na krap/ka« bedeutet »bitte sanfter!«

Die Massage findet auf einer Matte oder Matratze statt, der Massierte schlüpft am besten in lockere Kleidung. Öle kommen bei der traditionellen Massage nicht zur Anwendung, es gibt aber auch (seriöse) Massagen ohne Dehnungen mit duftenden Jasmin- und Zitronengrasessenzen.

- **Wat Pho's Thai Traditional Medical and Massage School** [B2]
Massiert wird an der Ostseite des Haupttempels. Ideal sind eine Stunde klassische Thai-Massage (420 Baht) und eine Stunde Fußreflexzonenmassage (420 Baht). Die Kurse finden in einem anderen Gebäude etwas außerhalb des Tempels statt und kosten 9500 Baht (Fußreflexzonenmassage 7500 Baht). **50 Dinge** ④ › **S. 12.** Hier kann man sich auch massieren lassen, ohne vorher Schlange zu stehen.
392/33–4 Soi Pen Phat 1, Th Maharat (auf Restaurant Coconut Palm an der Ecke achten) | Rattanakosin
Tel. 02 622 3533, 02 622 3551
www.watpomassage.com

- **Pian Massage School** [B2]

  Die Chefin hat lange als Massagelehrerin im Wat Pho gearbeitet, bevor sie sich selbstständig machte. Heute ist Pian einer der erfolgreichsten Massagebetriebe, mit angeschlossener Massageschule. Preiswert und gut (ab 250 Baht/Std.), aber immer mit viel Betrieb (bis 23 Uhr).

  Thanon Rambuttri, Nähe Khao San Rd. Banglamphu | Tel. 02 629 0924

  www.pianmassageschool.com

Verwöhnen auf Thailändisch

Wellnesshotels und Day Spas sind meistens topelegant, teuer und bieten in ihren Behandlungsräumen eine ganze Reihe klassischer Treatments in unvergleichlichem Ambiente. Die Bandbreite reicht vom Hautpeeling mit thailändischer Kräutertinktur bis zur Chewajit, der gesunden thailändischen Küche. In Bangkok bieten u. a. die Luxushotels Peninsula, Oriental, The Siam, Conrad, Metropolitan, Grand Hyatt Erawan und Sukothai Verwöhnprogramme vom Allerfeinsten. Für Kurzentschlossene gibt es Wellnesszentren, in denen man sich einige Stunden lang verwöhnen lassen kann, z. B. mit Massagen, Aromatherapie oder Thai-Ayurveda. Dabei gilt: Je nobler, desto wichtiger ist die Voranmeldung.

- **Mandarin Oriental Spa** [D6]

  Besser als mit dem 90-minütigen Signature Treatment kann man einen Aufenthalt in Bangkok nicht beginnen. Mandarin Oriental | 48 Oriental Ave. Bang Rak | Tel. 02 659 9000

  www.mandarinoriental.com/bangkok

- **Banyan Tree Spa** [F6]

  Luxus-Spa mit Open-Air-Whirlpool und grandiosem Ausblick.

  Banyan Tree | 21/100 Th Sathorn Tai Sathorn | Tel. 02 679 1052

  www.banyantree.com

- **The Peninsula Spa** [D6]

  Maßgeschneiderte Programme, Schlafbehandlung, besonders gute Thai-Massage nach Wat-Pho-Lehre. 333 Th Charoen Nakorn | Khlong San Tel. 02 020 2888

  www.bangkok.peninsula.com

- **COMO Shambhala** [F6]

  Besonders noble Wellnessoase mit einer Vielzahl von Behandlungen. COMO Metropolitan Hotel 27 Th Sathorn Tai | Sathorn Tel. 02 625 3355

  www.comoshambhala.com

- **Yunomori Onsen Spa**

  Badegenuss auf japanische Art. A-Square | Soi 26, Th Sukhumvit Khlong Toei Tel. 02 259 5778

  www.yunomorionsen.com

Ein besonders exklusives Wellnesserlebnis bieten die Spa-Suiten im Mandarin Oriental

Speisung der Mönche im Wat Pho: Für gläubige Buddhisten ist es selbstverständlich, ihre heiligen Männer mit Reis und anderen Essensspenden zu verpflegen

LAND & LEUTE

Steckbrief

- **Fläche:** 1568,7 km², Metropolregion 7761,6 km²
- **Höhe:** 5 m über dem Meeresspiegel
- **Stadtbezirke:** 50 Distrikte *(khet)*, unterteilt in 169 *khwaeng*
- **Stadtwappen:** Indra, auf dem Elefanten Erawan reitend
- **Einwohner:** Stadt 9,6 Mio., Metropolregion 16,9 Mio.
- **Bevölkerungsdichte:** 6,1 Einw./km², Metropolregion 2.2 Einw./km²
- **Amtssprache:** Thai
- **Religion:** 85 % Buddhisten, ca. 10 % Muslime

- **Telefonvorwahl:** +66 2
- **Zeitzone:** MEZ +6 Std. (zur europäischen Sommerzeit +5 Std.)
- **Währung:** Baht, 1 Baht = 100 Satang

Lage und Orientierung

Bangkok liegt an der Nahtstelle der Indochinesischen und der Malaiischen Halbinsel am ca. 400 m breiten Fluss Chao Phraya. Der älteste Teil der Stadt ist die Rattanakosin-Insel im Bezirk Phra Nakhon, hier liegen die wichtigsten Sehenswürdigkeiten. Für Besucher ebenfalls interessant sind das Viertel Chinatown rund um die Straßen Yaowarat und Charoen Krung, das südlich davon am Fluss gelegene ehemalige Europäerviertel Old Farang im Bezirk Bang Rak, das Banken- und Hochhausviertel rund um die Straßen Silom und Sathorn, das Einkaufsviertel rund um den Siam Square, die lange Verkehrsader Thanon Sukhumvit und im Norden das Viertel Chatuchak mit dem berühmten Wochenendmarkt. Das westlich des Chao Phraya gelegene Gebiet heißt Thonburi und war bis 1971 eine eigenständige Stadt.

Die modernen Viertel der Stadt erschließen die beiden Massenverkehrssysteme BTS Skytrain und MRT (U-Bahn), die bis 2020 erheblich erweitert werden. Mit dem Rama IX. Super Tower (615 m) soll bis 2020 der höchste Wolkenkratzer Südostasiens entstehen.

Politik und Verwaltung

Bangkok ist seit 1782 die Hauptstadt des Königreichs Thailand und ein besonderes Verwaltungsgebiet. Anders als in den 76 übrigen Provinzen Thailands wird der Gouverneur hier direkt gewählt, im Prinzip alle vier Jahre. Seit 2009 hatte der

PD-Politiker Mom Rajawongse Sukhumbhand Paripatra (*1952) dieses Amt inne. Er wurde jedoch im Oktober 2016 von Premierminister Prayut Chan-o-cha (vormals Oberkommandierender des thailändischen Heeres) suspendiert und durch den Polizeigeneral Aswin Kwanmuang ersetzt.

Der Gouverneur leitet die Bangkok Metropolitan Administration (BMA), die für Straßen, öffentlichen Nahverkehr, Stadtplanung, Wohnungsbau, Abfallwirtschaft, Umweltschutz und öffentliche Ordnung zuständig ist, allerdings nur für die eigentliche Stadt Bangkok. Die Stadtverwaltung wird von einem Stadtrat (Bangkok Metropolitan Council) kontrolliert.

Zu den drängendsten Problemen, mit denen Thailands Hauptstadt sich konfrontiert sieht, gehören die durch die Landflucht bedingte Wohnungsnot und die jährlich wiederkehrenden Überschwemmungen. Auch die Verkehrsverhältnisse sind katastrophal: Eine wachsende Zahl an Fahrzeugen drängt sich durch enge Straßen, die noch zu Zeiten des alten Siam angelegt wurden.

Wirtschaft

Bangkok ist das Wirtschafts- und Finanzzentrum des Landes, 40 % des BIP werden hier erwirtschaftet. 90 % der Exportgüter kommen aus der Metropolregion, der Hafen ist der bedeutendste Warenumschlagplatz des Landes. Hier findet man auch viele Werften und Raffinerien. In Bangkok angesiedelt sind die thailändische Börse, mehrere UN-Stellen, renommierte Universitäten und Forschungsinstitute; weltweit operierende Konzerne wie Sony, Toyota und Procter & Gamble unterhalten hier Niederlassungen. Wichtigste Exportwaren der Stadt sind Lebensmittel, Holz, Textilien, Kraftfahrzeuge, Zement, Schmuck, Solarzellen und Solarmodule. Außerdem ist Bangkok ein Zentrum der Musik- und Filmindustrie. Tourismus ist eine wichtige Einnahmequelle. Mit knapp 21,5 Mio. internationalen Besuchern lief die Stadt 2016 sogar London den Rang ab.

Sprache

90 % aller Landesbewohner sprechen eine Thai-Sprache. Amtssprache ist Siamesisch (Zentral-Thai), das an allen Schulen unterrichtet wird. Touristen stehen vor dem Problem, dass Transliterationen die fünf verschiedenen Tonhöhen der Thai-Sprache nicht korrekt wiedergeben können. Die Schreibweisen von Sehenswürdigkeiten und Straßennamen weichen voneinander ab, denn eine Normierung gibt es nicht. R wird oft als L ausgesprochen oder ganz verschluckt. Die elegante Schnörkelschrift bleibt für *farangs* (Ausländer) meist ein Buch mit sieben Siegeln. Hotels und Restaurants halten stets Visitenkarten in Thai-Sprache für Touristen bereit, damit der Taxifahrer das mit Sicherheit falsch ausgesprochene Ziel auch findet. Die beste Methode, sich mit einfachen Sätzen verständlich zu machen: zuhören und nachahmen. Der wichtigste Ausdruck überhaupt: »*Mai pen rai!*« (»Macht nichts!«).

Geschichte im Überblick

1511 Ein kleines Fischerdorf am östlichen Ufer des Chao Phraya mit dem Namen Bang Kok (»Ort der Wildpflaume«) wird zum ersten Mal auf einer portugiesischen Landkarte verzeichnet.

1548–68 Gründung des chinesischen Handelspostens Thonburi Si Mahasamut am Westufer des Chao Phraya.

1768 Nach der Zerstörung von Ayutthaya durch feindliche Birmanen (1767) wird General Taksin in der provisorischen Hauptstadt Thonburi am Chao Phraya zum König gekrönt und beginnt mit dem Wiederaufbau des Reiches.

1779 Nach brutalen Eroberungskriegen wird der Smaragdbuddha aus Laos zunächst in den Wat Arun gebracht.

1782 General Chao Phraya Chakri lässt sich nach einem Putsch in der neuen Hauptstadt Krung Thep Maha Nakhon (Kurzform) am gegenüberliegenden Flussufer als Rama I. zum ersten König der bis heute herrschenden Chakri-Dynastie ausrufen. Auf Ko Rattanakosin wird bis 1785 der neue Königspalast mit dem Tempel Wat Phra Kaeo errichtet, in dem der Smaragdbuddha seine endgültige Heimat findet.

1783 Aus Rattanakosin vertriebene Chinesen lassen sich im Yaowarat-Bezirk nieder, aus dem Chinatown hervorgeht.

1821 Das erste westliche Handelsschiff bringt ausgerechnet eine Ladung Opium nach Bangkok. Knapp 20 Jahre später wird der Opiumhandel verboten.

1851 König Mongkut (Rama IV., 1851–1868) besteigt den Thron, liberalisiert 1855 den Außenhandel und fördert die moderne Wissenschaft in Siam.

1868 Im Alter von 15 Jahren besteigt Chulalongkorn, der älteste Sohn von Rama IV., nach dessen Tod als König Rama V. (1868–1910) den Thron. Er beschert dem Land weitreichende Reformen und lässt die Paläste im Dusit-Bezirk errichten, die Zeugnis von seiner Europabegeisterung ablegen.

1917 Gründung der renommierten Chulalongkorn-Universität.

1932 Ein unblutiger Militärputsch beendet die absolute Monarchie und erzwingt die Einrichtung einer konstitutionellen Monarchie. In den folgenden Jahrzehnten erlebt das Land viele weitere Staatsstreiche und Verfassungsänderungen.

1939–1945 Aus Siam wird Prathet Thai (Thailand), das »Land der Freien«. Während des Zweiten Weltkriegs unterstützt Thailand Deutschland und Japan, wechselt aber rechtzeitig die Fronten.

1973 Das Militär schießt auf demonstrierende Studenten, rund 70 Menschen kommen ums Leben. König Bhumibol zwingt die Regierung zur Abdankung.

1976 Erneuter Militärputsch, Studenten und Oppositionelle schließen sich kommunistischen Rebellen im Untergrund an.

Ab 1980 Unter General Tinsula-
nonda stabilisiert sich die politische
Lage. Bis 1988 hat Thailand eine ge-
wählte Regierung, die aber 1991 er-
neut durch einen Militärputsch ge-
stürzt wird. Unter General Suchinda
als Premierminister kommt es im
Mai 1992 zu Großdemonstrationen,
die Suchinda zum Rücktritt zwingen.
1997/98 Asienkrise, eingeleitet
durch die Abwertung des Baht.
1999 Mit dem BTS Skytrain eröffnet Bangkoks erstes modernes
Transportsystem.
2001 Nach dem überwältigenden
Wahlerfolg seiner Partei Thai Rak
Thai (»Thais lieben Thais«) wird
der umstrittene Multimillionär
Thaksin Shinawatra Premierminister (2005 bestätigt), verstrickt sich
aber in Amtsmissbrauch und Vet-
ternwirtschaft.
2004 Mit der MRT (Metro) erhält
Bangkok sein erstes unterirdisches
Transportsystem.
2006 Im September übernimmt
das Militär während eines Auslands-
aufenthaltes Thaksins die Macht.
2007 Bei Wahlen im Dezember
wird Samak Sundaravej, ein enger
Verbündeter Thaksins, Premierminister. Die People's Power Party
(PPP, Nachfolgepartei der TRT)
bildet mit mehreren kleinen Partei-
en eine Regierungskoalition.
2008 Nach Unruhen ersetzt Somchai Wongsawat (PPP) Sundaravej
im Amt. Der Konflikt zwischen An-
hängern Thaksins (Rothemden) und
Königstreuen (Gelbhemden) eska-
liert. Das Oberste Gericht lässt die
regierende PPP wegen Wahlbetrugs
verbieten und zwingt damit Premier

Am 5. Mai 1950 trat König Bhumibol seine
fast 70-jährige Regentschaft an

Somchai zum Rücktritt. Abhisit Vej-
jajiva, Führer der Demokratischen
Partei, bildet eine Koalition.
2011 Nach dem Sieg der PTP
(Phuea Thai Party) bei den Parla-
mentswahlen wird Yingluck Shinawatra, Schwester von Thaksin
Shinawatra, Premierministerin.
2014 Yingluck wird vom Verfas-
sungsgericht wegen Machtmiss-
brauch des Amtes enthoben, das
Militär installiert General Prayuth
Chan-o-cha als Premierminister.
2016 Am 13. Oktober stirbt der
vielverehrte König Bhumibol Adul-
yadej (Rama IX., 1946–2016), zu
diesem Zeitpunkt der am längsten
regierende Monarch weltweit.
Knapp zwei Monate später tritt sein
Sohn Maha Vajiralongkorn (*1952)
in einer einfachen Zeremonie for-
mell die Thronfolge an.
2017 Ende Oktober findet auf dem
Sanam Luang die aufwendige Kre-
mationszeremonie für König Bhumibol statt. Danach soll Vajiralongkorn feierlich als König Rama X.
gekrönt werden.

Die Menschen

90 % aller Bewohner Bangkoks sind Thais. Sino-Thais, also Menschen chinesischer Herkunft, stellen die größte Minderheit. Hinzu kommen Inder und Menschen malaiischer Herkunft aus dem Süden sowie Kambodschaner, Vietnamesen, Laoten und Birmanen.

Den Laden im Bangkok am Laufen halten, auch wenn die »Zentral-Thais« das nicht gerne zugeben, die Menschen aus dem Isaan. Die arme Nordostprovinz sorgt unermüdlich für den Nachschub an Arbeitern und Dienstpersonal. Fast 50 % der Einwohner Bangkoks sind unter 20 Jahre alt.

Im thailändischen Wertesystem ganz oben rangieren Familie, Monarchie und Religion. Konformität mit der Gruppe wird großgeschrieben: offene Konflikte werden wenn irgend möglich vermieden, peinliche Situationen einfach weggelächelt. Nichts fürchten Thais mehr als den Gesichtsverlust. Inbegriff thailändischer Lebensphilosophie ist der *sanuk* – das bedeutet »Spaß haben«. Alles sollte *sabai* sein, angenehm oder bequem, am besten das ganze Leben. Alles, was man tun kann, wird danach beurteilt, ob es Spaß bringt. Sich aufzuregen widerspricht dagegen dem Gebot, ein »kühles Herz«, das *yai yen*, zu bewahren. Gelassenheit an den Tag zu legen gilt in der thailändischen Gesellschaft in jeder Hinsicht als wünschenswert.

Religion

Mindestens 85 % der Thais sind Anhänger des Theravada-Buddhismus, der ältesten buddhistischen Glaubensrichtung. In Thailand ging diese Verbindungen mit animistischen und hinduistischen Elementen ein.

Auch in den rot-goldenen chinesischen Tempeln und Schreinen der Sino-Thais ist Platz für den Erleuchteten. Die größte Minderheit stellen die Muslime, deren Moscheen eher bescheiden ausfallen. Sie praktizieren ihren Glauben ebenso unbehelligt wie Taoisten, Hindus und Christen.

Theravada-Buddhismus

Als einzige gründet diese Glaubensrichtung ihren Ursprung direkt auf die Lehre des Gautama Buddha (6. Jh. v. Chr.). Im Mittelpunkt des Theravada stehen folgende Annahmen: Alle Daseinsformen sind vergänglich und unvollkommen. Leben bedeutet Leiden. Jede Existenz ist an den Kreislauf der Wiedergeburt gebunden, muss nach dem Tod in einem neuen Leben wiedererstehen. Neues Leben bedeutet neues Leid. Ursache des Leidens ist die

Begierde. Die vollständige Überwindung der Begierde beendet das Leiden und führt zum endgültigen losgelösten Zustand des Nirwana. Dieser kann nur aus eigener Kraft erreicht werden, während im Mahayana-Buddhismus Bodhisattvas den Gläubigen auf dem Pfad der Befreiung behilflich sind.

Wege zum Nirwana

Wie man sich von Hass, Gier und Verblendung befreit, lehrt der Edle Acht-fache Pfad, eine Art mentales Training, das sittliches Verhalten und das Streben nach Erkenntnis einschließt, aber auch Achtsamkeit, Disziplin und innere Versenkung. Es zählt zu den wichtigsten Aufgaben der Klöster. Viele Wats unterhalten daher eigene Schulen, die zugleich eine wichtige soziale Aufgabe erfüllen: Viele arme Familien schicken ihre Söhne schon im Kindes-alter als Novizen ins Kloster, wo sie bei freier Kost und Logis in den Genuss einer Schulausbildung kommen. Besonders respektierte Mönche sind als Leh-rer, Ratgeber und Schiedsrichter bei lokalen Disputen tätig, führen aber auch Hochzeits- und Einäscherungsfeierlichkeiten durch.

Seine Pflicht als Gläubiger erfüllt, wer sich für einen Teil seines Lebens als Mönch den strengen Ordensregeln unterwirft (selbst von zukünftigen Kö-nigen wird dies erwartet), aber auch wer den Mönchen Lebensmittel spen-det oder im Wat eine Andacht hält. Die Buddhastatue, vor der dies ge-schieht, dient dabei nur als formaler Rahmen.

Magie und Aberglauben

Geisterhäuschen › **S. 19,** magische Amulette und Tätowierungen haben mit Buddhismus rein gar nichts zu tun, sind aber dennoch weit verbreitet. Zur Besänftigung der allgegenwärtigen Geister gilt die Thai-Devise: Viel hilft viel! Thais gehen übrigens selten zum Meditieren in einen Tempel. Lieber betet man für die richtigen Lottozahlen, Kindersegen oder gute Geschäfte. Dabei werden bevorzugt Götter des hinduistischen Panthe-ons angerufen.

Islam

Der größte Teil der in Thailand le-benden Muslime ist malaiischer Ab-stammung. Bei anderen handelt es sich um Nachkommen von Einwan-derern aus Indonesien, Indien und Pakistan. Alle Gläubigen vereint das Glaubensbekenntnis *(shahada):* »Es gibt keinen Gott außer Allah, und

Opferrituale für die Geister haben im Alltag der Thais einen festen Platz

Mohammed ist sein Gesandter.« Die moralischen Lehren des Islams sind im Koran und in der Sunna zusammengefasst. Wichtigste Säulen des Islam: das Glaubensbekenntnis, fünf Gebete am Tag, das Einhalten des Fastenmonats Ramadan, die Almosensteuer und die Pilgerfahrt nach Mekka. Muslime dürfen weder Schweinefleisch noch Alkohol zu sich nehmen, Glücksspiel und Prostitution sind offiziell verboten. Viele Muslimas tragen einen Schleier, die Männer betreten die Moschee nicht ohne Kopfbedeckung.

Kunst & Kultur

Tempel zählen zu Bangkoks bedeutendsten Sehenswürdigkeiten – mehr als 400 gibt es, und noch immer ist die Architektur, ebenso wie die Malerei und Musik, mit den religiösen Traditionen des Landes verbunden.

Die moderne Kunst begründete in den 1930er-Jahren der Italiener Corrado Feroci › S. 78. Avantgardekunst zeigen u. a. die National Gallery, das Bangkok Art and Cultural Centre, das Silpakorn University Art Centre und die Queen's Gallery. Die breite Masse begeistert sich eher für die Mor Lam und Luk Thung genannte populäre Musik und natürlich für den Boxsport Muay Thai.

Tempelarchitektur

Der typische Tempel *(wat)* umfasst eine den Mönchen vorbehaltene Ordinationshalle (*bot,* auch *ubosot* genannt) mit großer Buddhastatue, die von acht Markierungssteinen *(bai sema)* umgeben ist, sowie eine nicht festgelegte Zahl von Versammlungshallen *(viharn),* in denen weitere Buddhastatuen stehen. Im fensterlosen Bibliotheksgebäude *(mondhop)* werden heilige Schriften aufbewahrt; *sala,* offene Pavillons, dienen als Rast- und Speiseraum für Laien. Die glockenförmigen, manchmal mit Gold überzogenen Türme zur Aufbewahrung von Reliquien heißen *chedi.* Die gleiche Funktion haben *prang,* aus der Khmer-Architektur übernommene phallusförmige Türme.

Die Durchdringung buddhistischer Thai- und hinduistischer Khmer-Kultur bereicherte Thailands Ikonografie um einige Hinduelemente. Häufig anzutreffen sind der vierarmige Vishnu, der Garuda (halb Mann, halb Vogel, Reittier Vishnus und Wappentier der thailändischen Könige), sein weibliches Pendant Kinnari, der achtarmige Shiva, der elefantenköpfige Ganesha, der dreiköpfige Elefant Erawan, Geister bannende Yaksha-Riesen und vielköpfige Naga-Schlangen. Die Wandmalereien der Tempel schildern Legenden aus dem Leben Buddhas *(jatakas)* und Szenen aus dem Ramakien, der thailändischen Version des hinduistischen Ramayana-Epos.

Die Epochen der thailändischen Kunst wurden nach den Königreichen benannt, in denen sie ihre Blüte erlebten: Dvaravati-Stil (6.–10. Jh.), Lopbu-

Der Liegende Buddha im Wat Pho veranschaulicht den Eintritt des Erleuchteten ins Nirwana

ri-Stil (Khmer-Stil, 10.–13. Jh.), Sukothai-Stil (13.–14. Jh.) und Ayutthaya-Stil (15.–18. Jh.). Ihre Merkmale lassen sich am besten an bestimmten Variationen der Chedi-Formen und der buddhistischen Skulpturen ablesen. Da Bangkok erst 1782 gegründet wurde, begegnet man den älteren Stilrichtungen hauptsächlich im Nationalmuseum.

Prägend für die Tempel der Stadt ist der Rattanakosin-Stil, der sich im späten 18. Jh. aus dem Ayutthaya-Stil entwickelte und in seiner schönsten Form vom Wat Arun verkörpert wird. Der Glanz der alten Hauptstadt sollte neu erstehen, für Neubauten verwendete man sogar Ziegelsteine aus den Ruinen Ayutthayas. Ab der Mitte des 19. Jhs. wurden chinesische und europäische Einflüsse aufgenommen, etwa am Wat Ratchapradit und Wat Ratchabophit.

Buddhastatuen

Bei der Darstellung Buddhas sind die Körperhaltungen *(asanas)* von Bedeutung, die symbolisch für bestimmte Ereignisse und Situationen im Leben des Erleuchteten stehen. Traditionell wird Buddha in vier Positionen dargestellt: sitzend (meditierend), liegend (ins Nirwana übergehend), stehend und schreitend. Für zusätzliche Bedeutungsebenen sorgen die Handhaltungen *(mudras):* In Thailand besonders häufig ist das Bhumisparsa-Mudra, Symbol für die Anrufung der Erdgöttin Thorani, als Buddha von Mara versucht wurde. Dabei befindet sich beim sitzenden Buddha die linke Hand im Schoß, ihre Innenfläche weist nach oben, während die rechte Hand über dem Knie hängt oder mit nach innen gekehrter Handfläche den Boden berührt. Das Abhaya-Mudra ist die Geste der Furchtlosigkeit. Dabei wird die Innenseite der Handfläche dem Betrachter in Schulterhöhe entgegengestreckt. Die Symbolik richtet sich nach der jeweiligen Hand (beidhändig: Beruhigung des Meeres; linke Hand: Zurückweisung des Bösen; rechte

Hand: Streit schlichtend). Beim Vitarka-Mudra, der Argumentationsgeste, bilden Daumen und Zeigefinger einen Kreis. Das Dharmachakra-Mudra, die Geste des »Andrehens des Rades der Lehre« zeigt beide Hände in Brusthöhe, wobei der Zeige- oder Mittelfinger der linken den kreisförmig zusammengeführten Zeigefinger und Daumen der rechten Hand berührt. Beim Samadhi- oder Dhyana-Mudra, der Meditationsgeste, liegt der rechte Handrücken auf der linken Handfläche, die Daumenspitzen berühren sich. Das Varada-Mudra ist die Geste des Segnens, des Beistands und der Gnade. Der Arm hängt herab, mit nach außen gekehrter Handfläche.

Traditionelles Theater und Tanzkunst

Das Ramakien › **Seitenblick S. 81** ist das klassische Thema der höfischen Tanzkunst *khon*. Die königliche Variante des *lakhon nai* führen hoch spezialisierte Tänzer noch heute im Sala Chalermkrung Theatre, im National Theatre und im Thailand Cultural Centre mit kunstvollen Masken und Kostümen auf. Rama und Sita tragen stets vergoldeten Kopfputz, der Affenkönig Hanuman ist an seiner weißen Maske zu erkennen, der Dämonenkönig Totsakan trägt im Kampf eine grüne, in Friedenszeiten eine goldene Maske. Die Tänzer folgen einer strengen Choreografie: Jede anmutige Geste schildert dem verständigen Publikum ein ganz bestimmtes Ereignis, ein ganz präzises Gefühl. Es wird nicht gesprochen, doch singt ein Chor, begleitet von einem klassischen Phipat-Orchester, Verse aus der Geschichte.

Das einfachere *lakhon chatri* wird häufig bei Tempelfesten und an Schreinen (in Bangkok z. B. vor dem Erawan-Schrein) zur Unterhaltung der Geister vorgetragen. Die Tänzerinnen tragen meist prunkvolle Kostüme, aber keine Masken. Zum Repertoire gehören auch moralisch lehrreiche Geschichten aus dem Leben des Buddha und lokale Volkssagen.

Das derbe, oft zotige und mit unterhaltsamen Slapstick-Einlagen durchsetzte Volkstheater heißt *likay*. Auch hier spielt man gerne Szenen aus dem Ramakien, doch wird dabei heftig improvisiert.

Musik

Thailands **traditionelle Musik** integriert Elemente aus China, Indien und Kambodscha. In westlichen Ohren klingt sie recht schräg, da sie auf Halbtonschritte verzichtet. Das klassische Phiphat-Orchester spielt

Oft begleitet ein Pong Lang die Aufführung traditioneller thailändischer Tänze

auf Holzblas- und Saiteninstrumenten, Trommeln und Gongs sowie einer Art Xylofon aus Hartholzplatten, dem Pong Lang. Die Musik wurde entwickelt, um traditionelle Tanzdramen zu begleiten. Auch vor dem Erawan-Schrein und dem Lak-Mueang-Schrein erklingt sie, nicht immer in bester Qualität. Da es keine Notenschrift gibt, wird alles auswendig gelernt. Einen guten Eindruck geben CDs des Prasit-Thawon-Ensembles.

Mor Lam ist die musikalische Trostspenderin der Arbeiter, Taxifahrer, Verkäuferinnen, Haus- und Barmädchen. Der aus dem nördlichen Isaan stammende Sprechgesang ist gewissermaßen die Country-Musik des Landes. Mit TV-Auftritten der Sängerin Banyen Rakgan verbreitete sich Mor Lam in den 1980er-Jahren in den von Migranten aus dem Isaan bewohnten Slums von Bangkok wie ein Lauffeuer.

Die moderne Weiterentwicklung ist **Luk Thung**. Die Übergänge sind fließend: Berühmte Interpretinnen des Mor Lam wie Jintara Poonlarp und Siriporn Ampaiporn beherrschen beide Musikstile. Generell ist Mor Lam aber schneller, rhythmischer, improvisierter, auch rauer und ehrlicher, während Luk Thung eher balladenartig daherkommt. Besungen werden die Schicksale der Underdogs, es geht um Untreue, Heimweh, Verlust, die Verführungen der Großstadt. Man hört diese emotionale, mitreißende Musik häufig bei Tempelfesten, in Boxstadien und während der ausgelassenen Songkran-Feierlichkeiten. Die großen Stars des Luk Thung waren die stimmgewaltige Bauerntochter Pumpuang Duangjan und der ungemein produktive Sänger Yodrak Salakjai, der über 3000 Songs aufgenommen hat.

Konkurrieren müssen beide Musikrichtungen mit einer dynamischen Pop- und Rockszene. Besonders populär ist **String,** das fröhlich Balladen, Rock, Indie, Disco, Techno, House, Rap und K-Pop aus Japan und Korea mixt. Die Protestlieder **Songs for Life** *(phleng pheua chiwit)* werden gerne mit karibischen Rhythmen wie Reggae und Ska unterlegt.

Kaufen kann man CDs all dieser Musikrichtungen auf Bangkoks Nachtmärkten oder in den Läden Mae Mai Pleng Thai (Erdgeschoss des MBK-Centers) und DJ Siam (Soi 11, Siam Square).

Klassische Sportarten

Wenn in den Bangkoker Stadien wichtige Thai-Boxkämpfe stattfinden, fiebert die ganze Nation am Bildschirm mit. Ohne Zögern würden die meisten Thais den rabiaten Kampfsport **Muay Thai** als eines der höchsten Kulturgüter ihres Landes bezeichnen. Nur **Takraw,** eine Mischung aus Fuß- und Volleyball, das mit einem kleinen Rattanball gespielt wird, ist ebenso beliebt.

Beim Muay Thai sind Knie- und Ellenbogenstöße erlaubt. Schmerzen und zumindest blaue Flecke sind garantiert. Schließlich ist Muay Thai eine 2000 Jahre alte und für Thailand seit über 500 Jahren bezeugte Kampftechnik »mit den acht Gliedmaßen«, die man früher im Krieg anwendete, wenn man nicht mehr auf Speere und Schwerter zurückgreifen konnte.

Vor dem Kampf findet die rituelle Verneigung *(wai kru)* vor dem Trainer und dem Geist des Boxrings statt, gefolgt von einem langsamen »Tanz« *(ram muay),* der die Kräfte der vier Elemente in den Körper ziehen soll. Gleichzeitig dient die Zeremonie als Warm-up. Ein schützendes Amulett am Bizeps darf auch nicht fehlen. Der von Musik eines Phiphat-Orchesters begleitete Fight geht über fünf Runden à drei Minuten. Über den Sieg entscheiden Punkte oder Knock-out.

Feste & Veranstaltungen

Jeder Tempel Bangkoks feiert einmal jährlich ein Fest. Dazu kommen gesetzliche und religiöse Feiertage und lokale Events. Höhepunkte im Festkalender der Stadt sind Songkran und das Vegetarierfest.

Im Folgenden sind die wichtigsten und schönsten Feste genannt. Die Termine der nach dem Mondkalender berechneten Feiertage ändern sich jedes Jahr – genaue Auskünfte sind beim Thailändischen Fremdenverkehrsamt › S. 153 zu bekommen.

Veranstaltungskalender

1. Januar: Neujahr. Gesetzlicher Feiertag.

Januar/Februar: Chinesisches Neujahr. Zwei Wochen lang gilt es viele Geister zu besänftigen. In Chinatown wird mit Paraden besonders farbenfoh gefeiert.

Vollmondnacht des dritten Mondmonats: Makha Bucha erinnert an Buddhas Predigt vor 1250 Gläubigen und wird mit Tempelfesten und Kerzenprozessionen gefeiert.

6. April: Chakri-Tag. Gesetzlicher Feiertag zum Gedenken an die Thronbesteigung von Rama I., dem Gründer der Chakri-Dynastie.

13. bis 15. April: Songkran, das thailändische Neujahr, ist das wichtigste Fest des Landes. Zur heißesten und trockensten Zeit des Jahres herrscht bei Wasserschlachten eine Art Ausnahmezustand. Besonders wild geht es auf der Thanon Silom und der Khao San Road zu – am besten lässt man alles im Hotel, was nicht nass werden darf. Am letzten Tag werden die Buddhastatuen mit Wasser begossen – damit wird alles Böse aus dem alten Jahr abgewaschen.

1. Mai: Tag der Arbeit. Gesetzlicher Feiertag.

2. Maiwoche: Königliche Pflugzeremonie. Der König oder ein Stellvertreter leitet auf dem Sanam Luang mit einem brahmanischen Ritual die Zeit der Reisaussaat ein. Mit Blumen geschmückte Ochsen ziehen einen heiligen goldenen Pflug, gesegnetes Saatgut wird verteilt.

Vollmond im Mai: Visakha Bucha, eines der ältesten buddhistischen Feste, bei dem Buddhas Geburt, seine Erleuchtung und sein Eingang ins Nirwana mit Tempelprozessionen und viel Kerzenschein gefeiert werden.

Auch die Buddhastatuen werden an Songkran mit Wasser begossen und so rituell gereinigt

Vollmond im Juli: Asaha Bucha. Mit Kerzenprozessionen in allen Tempeln wird an Buddhas erste Predigt nach seiner Erleuchtung erinnert. Beginn der buddhistischen Fastenperiode Khao Pansa. Für drei Monate ziehen sich die Mönche in die Tempel zurück. Viele junge Männer gehen als Novizen in die Klöster.

28. Juli: Geburtstag von König Maha Vajiralongkorn. Gesetzlicher Feiertag, 2017 neu eingeführt.

12. August: Geburtstag von Königinwitwe Sirikit. Gesetzlicher Feiertag.

September/Oktober: Chinatown, besonders die Thanon Yaowarat, steht im Mittelpunkt des chinesisch-taoistischen **Vegetarierfests** für die neun Götter auf Erden – ein neuntägiges buntes, lautes und okkultes Spektakel. Im Hindutempel Sri Mariamman wird kostenloses Essen an die Gläubigen verteilt. Der Schrein ist Anfangs- und Endpunkt einer Prozession, die entlang der Thanon Silom führt.

Mitte Oktober/Mitte November: Ok Phansa, das Ende der Fastenzeit, wird mit Thot Kathin genannten Feierlichkeiten begangen, bei denen Laien in feierlicher Prozession zu den Tempeln ziehen, um den Mönchen Geschenke zu überreichen.

13. Oktober: Todestag von König Bhumibol. Gesetzlicher Feiertag, 2017 neu eingeführt.

23. Oktober: Chulalongkorn-Tag. Todestag von Rama V. Gesetzlicher Feiertag.

November-Vollmond: Das Lichterfest **Loy Krathong** ist eines der romantischsten Feste des Landes. Man setzt kleine Schiffchen mit Räucherstäbchen, Kerzen und Opfergaben auf dem Chao Phraya, den Kanälen und den Tempelteichen aus – für die Göttin des Wassers.

5. Dezember: Der **Geburtstag des 2016 verstorbenen Königs Bhumibol** soll weiterhin gesetzlicher Feiertag bleiben. An einem der vorausgehenden Tage wird eine farbenfrohe Parade der königlichen Garden in Bangkok veranstaltet.

10. Dezember: Verfassungstag. Gesetzlicher Feiertag.

31. Dezember: Silvester. Gesetzlicher Feiertag.

Auf dem Tempelgelände des Wat Pho ragen
zahllose Chedis in den Himmel – je höher
der Turm, desto bedeutender die im Inneren
verborgene Reliquie

TOP-TOUREN & SEHENSWERTES

KÖNIGLICHES ZENTRUM

Kleine Inspiration

- **Am Lak Mueang ein Lotterielos erwerben** und zuvor Bangkoks Schutzgeist mit einer Opfergabe günstig stimmen › S. 70
- **Die grazilen Bewegungen der Tänzer bewundern** bei einer Khon-Aufführung im National Theater › S. 81
- **Im Saranrom Royal Garden picknicken** und dabei des traurigen Schicksals von Königin Sunantha gedenken › S. 88
- **König Mongkuts Fähigkeiten als Astronom Tribut zollen** vor den Wandmalereien im Wat Ratchapradit › S. 89
- **Die Khlongs von Thonburi per Boot erkunden** und dabei den Alltag der Einheimischen auf dem Wasser erleben › S. 92

Die Altstadtinsel Ko Rattanakosin ist Bangkoks Hauptattraktion. Hier finden sich die berühmtesten Tempel, der Königspalast und die wichtigsten Museen. Blickfang am Thonburi-Ufer gegenüber ist der Wat Arun.

Bangkoks Altstadtinsel **Ko Rattanakosin** (»Indras Juwel«) wird im Osten von einem inneren und einem äußeren Kanalhalbkreis begrenzt. In Stadtplänen ist oft nur der innere »Königsbezirk« als Rattanakosin bezeichnet, der äußere Bezirk heißt nördlich der Prachtstraße Ratchadamnoen Klang Banglamphu und im Osten Phra Nakhon. Allerdings umfasst der Stadtbezirk *(khet)* Phra Nakhon eigentlich die gesamte Insel Rattanakosin.

Fast jeder Bangkok-Besuch beginnt im inneren Bezirk von Rattanakosin. Im Westen umschließt ihn die sanfte Flussschleife des Chao Phraya und im Osten der Khlong Rop Krung. Hier gründete Rama I. 1782 seine neue Hauptstadt, sicherte sie mit Kanälen *(khlongs)* und legte eine riesige Esplanade an, über der bei windiger Witterung zahllose bunte Drachen flattern. Allein mit dem Besuch des Königstempels **Wat Phra Kaeo** mit dem berühmten Smaragdbuddha sowie des **Königspalasts** ist man garantiert einen halben Tag beschäftigt.

Im Norden schließt sich das Universitätsviertel mit dem **Nationalmuseum** an, eines der bedeutendsten Museen Südostasiens, das einige der schönsten Buddhastatuen überhaupt sein Eigen nennt, sowie im Süden die Tempelanlage des **Wat Pho** mit dem berühmten Liegenden Buddha und der nicht minder renommierten Massageschule. Vom Flussufer blickt man hinüber zur majestätischen Silhouette des **Wat Arun**. Die Fährüberfahrt dauert nur wenige Minuten. Überhaupt lassen sich Altstadttouren perfekt mit kurzen Bootsfahrten auf dem Chao Phraya kombinieren.

Einen Tag, möglichst an einem Wochenende, sollte man für eine Fahrt durch die Khlonglandschaft des westlichen Vororts **Thonburi** reservieren, der für einige Jahre, unter General und König Taksin, die Hauptstadt Siams war. So wie hier hat das Leben vor 50 oder 100 Jahren auch in Bangkok ausgesehen, bevor die meisten Khlongs den Schnellstraßen weichen mussten.

Oben: Wächterfiguren am Wat Phra Kaeo
Links: Bot des Smaragdbuddha

Touren im königlichen Zentrum

Rund um den Sanam Luang

Verlauf: Sanam Luang › Lak Mueang › Wat Phra Kaeo › Großer Palast › Silpakorn-Universität › Wat Mahathat › National Museum › National Theatre

Karte: Seite 82
Dauer: ca. 8 Std.
Praktische Hinweise:
- Startpunkt ist die Anlegestelle Tha Chang N9, die man mit dem Chao Phraya Express erreicht, z. B. ab Central Pier (Anschluss an die BTS-Station Saphan Taksin).
- Die preiswerte Bootsfahrt (35 Baht) flussaufwärts › Tour 13, S. 150 liefert frühmorgens und spätnachmittags besonders schöne Fotomotive.
- Von den Guesthouses um die Khao San Road ist es nicht weit zum Tha Banglamphoo N13. Von hier fährt der Chao Phraya Express flussabwärts zum Tha Chang (ca. 15 Baht).
- Das National Museum hat Mo und Di geschlossen.

Tour-Start:

Sanam Luang **1** [B2/3]

Die »Königswiese« ist eine große offene Esplanade unmittelbar nördlich des Königspalasts. Hier schlägt das Herz der Stadt, werden seit der Stadtgründung offizielle Feiern abgehalten, etwa die Zeremonie des Ersten Pflügens › Seitenblick S. 71.

Die Esplanade ist auch Schauplatz der überaus prunkvoll gestalteten Einäscherungen von Mitgliedern der Königsfamilie. Die Kremationsfeierlichkeiten für dem im Oktober 2016 verstorbenen König Bhumibol sollen im Oktober 2017 stattfinden. Dazu wird eine über 50 m hohe Struktur errichtet, die den Weltenberg Meru abbildet, das mythische Zentrum des Universums. Nach dem buddhistischen Glauben wird der göttliche Geist des Königs nach seinem Tod zu diesem heiligen Berg zurückkehren.

Zwischen Februar und Mai flattern an windigen Tagen bunte Drachen aus Papier und Bambusstangen am Himmel über dem Sanam Luang. Bei Wettkämpfen treten Teams mit »weiblichen« *(pakpaos)* und »männlichen« *(chulas)* Drachen gegeneinander an und versuchen, den gegnerischen Drachen in der eigenen Zone zum Landen zu bringen. Das ganze Jahr über trifft man sich am späten Nachmittag an der rund um die Freifläche führenden Promenade unter den flammenrot blühenden Tamarindenbäumen zum Schwatz, bestens umsorgt von Snack- und Getränkeständen, Wahrsagern *(mor duu)* und Bauchladenhändlern mit Aphrodisiaka.

Lak Mueang **2** ⭐ [B3]

Nachdem Rama I. als erster König der Chakri-Dynastie durch einen Putsch gegen König Taksin auf den Thron gekommen war, ließ er am

Der Sanam Luang ist Schauplatz königlicher Zeremonien und zugleich beliebter Erholungsort

21. April 1782 um 6.54 Uhr, dem astronomisch berechneten »Geburtstermin« Bangkoks, an der Nordostecke des Großen Palasts eine phallusförmige Säule aufstellen. Er weihte sie Phra Lak Mueang, einem der Schutzgeister der Stadt. Über 3 m hoch und mit einer Lotuskrone versehen, gilt die vergoldete Holzsäule als spiritueller Grundpfeiler Bangkoks. Im 19. Jh. ließ König Mongkut, der ebenfalls seine Macht zu legitimieren hatte, einen neuen kleineren *lak mueang* fertigen und verbannte den älteren Pfeiler an die Stadtmauer. 1986 wurden die beiden hochverehrten Stadtsäulen in einem Gebetsraum an der Südseite des Sanam Luang vereint, gleich gegenüber dem Eingang zum Palastgelände. Gelegentlich finden in einem kleinen Pavillon zur Linken des Hauptein-

SEITENBLICK

Zeremonie des Ersten Pflügens

Das altehrwürdige brahmanische Ritual wird Mitte März vor dem Beginn der Regenzeit auf dem Sanam Luang abgehalten und markiert den Beginn der Reisaussaat. Zwei weiße, mit Blumen geschmückte Büffel ziehen unter den Augen des Königs (oder seines Stellvertreters) mit einem rot-goldenen Pflug kreisförmige Furchen in den Rasen. In diese streut man von Brahmanenpriestern geweihten Reis, der aus der landwirtschaftlichen Versuchsstation des Königs stammt. Bauern aus dem ganzen Land mischen einige der symbolisch gesäten Reiskörner später als Glücksbringer in die eigene Saat. Aus dem Verhalten der Tiere schließen die brahmanischen Wahrsager auf den künftigen Ertrag der Reisernte.

Im Lak Mueang hat Bangkoks Schutzgeist eine würdige Behausung gefunden

SEITENBLICK

Karma ist alles

An vielen Schreinen, besonders aber am Lak Mueang, bitten die Thais mit Opfergaben um die Erfüllung von Wünschen. Gefärbte Eier und Blumen schätzen die Geister offenbar besonders. Man reibt Blattgold, das vor Ort in kleinen Briefchen für wenige Baht verkauft wird, auf Buddhastatuen, umwickelt diese mit bunten Tüchern und entzündet Kerzen oder Räucherstäbchen. Am Lak Mueang finden Lotterielose reißenden Absatz, denn der Schutzgeist der Stadt gilt als Glücksbringer. In der Umgebung des Schreins verkaufen Händler Tiere in Käfigen (vor allem Schildkröten und Vögel), die Gläubige dann in die Freiheit entlassen. Diese »barmherzige« Tat soll die Geister besänftigen und den Menschen dem Nirwana ein Stück näher bringen.

gangs traditionelle Tanzvorführungen statt. Sie werden von wohlhabenden Familien bezahlt, als Dank an den Schutzgeist für die Erfüllung eines Wunsches. Der Lak Mueang markiert das Zentrum des Landes, von dem aus alle Entfernungen gemessen werden (Thanon Lak Mueang/Ecke Thanon Sanam Chai, tgl. 5.30–19.30 Uhr, Eintritt frei).

Wat Phra Kaeo 3 ⭐ [B3]

Thailands berühmteste Tempelanlage, Aufbewahrungsort des legendären Smaragdbuddha, ist 1782 entstanden, im Gründungsjahr der Stadt und der Chakri-Dynastie. An der Innenseite der Mauer erzählen 178 farbenfrohe Fresken im Uhrzeigersinn aus dem Ramakien, der thailändischen Version des indischen Ramayana-Epos › **Seitenblick S. 81**. Die Bilder wurden 1830 unter Rama III. geschaffen und 1932 komplett restauriert. Die »Lektüre« dieses faszinierenden Comicstrips beginnt hinter dem Phra Viharn Yod.

Zwei Yaksha-Riesen, grimmig blickende, grellbunt bemalte Wächterfiguren, hüten die Eingangstore zum Sakralbereich, der etwa ein Zehntel des Areals einnimmt. Sie stehen an allen sechs Portalen und sollen böse Dämonen abwehren. Man schaut auf den Tempel des Smaragdbuddha, geht in einem sinnvollen Rundgang jedoch erst nach links und über Treppen zur oberen Terrasse mit drei imposanten Gebäuden hinauf.

Chedi Phra Si Ratana

Der **Goldene Chedi** birgt angeblich einen Splitter vom Brustbein Buddhas. Er wurde 1855 unter König Mongkut nach dem Vorbild des in Ayutthaya zerstörten Wat Si Sanphet erbaut. So sollten dessen magischen Kräfte auf Bangkok übergehen. Seinen schimmernden Glanz verdankt er zahllosen kleinen, goldverspiegelten Fliesen, die König Chulalongkorn in Italien fertigen und als Verkleidung an der Außenhaut des Chedi anbringen ließ.

Phra Mondhop

In der reich mit grünen verspiegelten Fliesen und Schnitzarbeiten verzierten **Königlichen Bibliothek** werden heilige Schriften aufbewahrt. Grazile Säulen mit Lotuskapitellen stützen das siebenstufige, spitz auslaufende Dach. Die steinernen Buddhas an den vier Gebäudeecken sind dem Borobodur-Stil (Java) nachempfunden. Bronzeelefanten umstehen die vier **Monumente der Königlichen Insignien** mit Symbolen der Regenten der Chakri-Dynastie. Mit Perlmuttarsien geschmückte Portale führen ins Innere, das Besuchern nur zu besonderen Anlässen offen steht. Hier zieren Goldornamente die Wände, der Boden soll aus Silber gefertigt worden sein.

Modell von Angkor Wat

Hinter der Bibliothek ist ein Sandsteinmodell des kambodschanischen Königstempels Angkor Wat zu bewundern. Es wurde unter König Mongkut begonnen, als Kambodscha noch Protektorat Siams war. Es heißt, dass der König in grandioser Selbstüberschätzung ursprünglich das Original nach Bangkok versetzen lassen wollte. Angkor war einst dem hinduistischen Gott Vishnu geweiht, als dessen Inkarnation sich die Könige Thailands betrachten.

Prasat Phra Tep Bidon

Über und über mit farbigen Fliesen geschmückt präsentiert sich das als Ahnenkultstätte genutzte **Königliche Pantheon**. Ein Prang krönt das vierfach gestaffelte Dach. Zwei kleine goldene Chedis, bewacht von grazilen Vogelmädchen, flankieren den Eingangsweg, an den Seitentreppen winden sich goldene Naga-Schlangen hinauf. **50 Dinge** ㉒ › S. 14. Im Inneren stehen lebensgroße Statuen der Chakri-Könige. Nur einmal im Jahr, am 6. April (Chakri-Tag), werden die Tore für das Volk geöffnet, das dann der Monarchie mit Blumengirlanden und Räucherstäbchen seine Hochachtung erweist.

Prangs

Steigt man die Stufen zum kleinen Vorplatz hinab, gelangt man zu acht im Khmer-Stil gehaltenen Prangs, von denen nur zwei im heiligen Bezirk stehen. Ihre Zahl soll an die verehrungswürdigen Planeten, aber auch an Buddha und seine Lehre (Edler Achtfacher Pfad) erinnern.

Ho Phra Monthien Dharma

Beim größten der drei Gebäude links neben der Terrasse handelt es sich um die **Handschriftenbibliothek.** In der reich mit vergoldeten Schnitzereien geschmückten Halle bereiten sich die Mönchsnovizen auf ihre Prüfungen vor. Die Einlegearbeiten aus Perlmutt an den Türen stammen zum Teil noch aus Ayutthaya.

Phra Viharn Yod

In der Mitte steht der Phra Viharn Yod. Man erkennt ihn am kreuzförmigen Grundriss und dem mit Keramikblumen verzierten Turm. Der Viharn birgt den **Phra Nak** › **rechts** und eine Steinplatte, die dem ersten Thai-König Ramkhamhaeng als Thron diente. König Chulalong-

korn soll sie während seiner Wanderjahre als Mönch entdeckt und nach Bangkok gebracht haben.

Ho Phra Nak

Das dritte Gebäude, eine Halle mit rot-grünem Staffeldach, wurde ursprünglich für den Phra Nak erbaut, einen 4 m hohen Kupferbuddha, der aus Ayutthaya stammen soll. Heute dient es als **Mausoleum,** in dem Urnen von Mitgliedern der Königsfamilie aufbewahrt werden.

Bot des Smaragdbuddha

Mittelpunkt und Hauptattraktion des Wat ist der Bot, der dem hochverehrten Nationalheiligtum des Landes geweiht ist. Acht Bai-Sema-Steine grenzen ihn vom übrigen Tempelbezirk ab. Er steht auf einem Marmorsockel mit vier Treppenaufgängen und besitzt ein vierstufiges Dach sowie mit aufwendigen Glasmosaiken und chinesischen Fliesen verzierte Außenwände. Besonders kunstvoll gestaltet sind die geschnitzten Giebelfenster und die Perlmuttintarsien der Türen. An der Basis reihen sich 112 Garuda-Figu-

SEITENBLICK

Irrfahrt des Smaragdbuddhas

Die nur 66 cm große Figur wurde vermutlich vor 2000 Jahren in Indien gefertigt. Entdeckt hat man sie, unter Stuck verborgen, in Chiang Rai, als dort 1434 ein Blitz in den Chedi einschlug. Ein eigenwilliger Elefant trug den Buddha zuerst nach Lampang, dann brachte man ihn 1468 nach Chiang Mai, wo er in der östlichen Nische des Wat Chedi Luang aufgestellt wurde. 1547 begleitete er den damaligen Herrscher des Lanna-Reichs, König Setthathirat, nach Luang Prabang im heutigen Laos. 1778 war die Statue die kostbarste Kriegsbeute, die General Taksin aus Vientiane mitbrachte und im Wat Arun präsentierte. 1784 wurde die hochverehrte Statue schließlich an ihrem heutigen Platz aufgestellt.

Wat Phra Kaeo: Goldglänzende Chedis und filigrane Prangs streben himmelwärts

ren aneinander, von denen jede eine Naga-Schlange hält.

❗ Im Innenraum thront auf einem 11 m hohen vergoldeten Podest der legendäre Smaragdbuddha (Fotografierverbot!), der seinem Namen zum Trotz aus grünlichem Nephrit besteht. Über seinem Haupt wölbt sich ein neunstufiger Ehrenschirm, die beidseitig herabhängenden Kristallkugeln symbolisieren Sonne und Mond. Dreimal im Jahr wechselt der König oder sein Vertreter in einer aufwendigen Zeremonie die Gewänder des Smaragdbuddha.

Rechts und links neben der kostbaren Figur stehen zwei weitere reich verzierte, historisch bedeutsame Buddhastatuen. Die wertvollen Wandmalereien aus dem späten 18. Jh. schildern Szenen aus dem Leben Buddhas und gewähren faszinierende Einblicke in das Alltagsleben im Siam des 18. Jhs.

Großer Palast 4 [B3]

Durch ein Portal an der Tempelrückseite gelangt man auf das Areal des Königspalasts. Es gliedert sich in einen äußeren, der Öffentlichkeit zugänglichen und in einen inneren, der königlichen Familie und Repräsentationszwecken vorbehaltenen Bereich. Die Architektur spiegelt die Offenheit der Chakri-Herrscher für unterschiedlichste stilistische Einflüsse wider, die Dekorationen das hohe Niveau thailändischer Handwerkskunst. In den Räumen finden heute nur noch offizielle Zeremonien statt – als Residenz des Königs dient der weiter nördlich im Bezirk Dusit › S. 112 gelegene Chitralada-Palast.

Phra Borom Phiman

Die ehemalige Prinzenresidenz, 1903 im neoklassizistischen Stil erbaut, dient heute als Unterkunft für

Staatsgäste. Die Wände zieren Fresken mit Szenen aus der indischen Mythologie und altindische Schrifttafeln. Hinter dem Gebäude liegt der nicht zugängliche Sivalaya-Garten, der als Ort für die königlichen Gartenfeste diente.

Phra Maha Montien

Das Große Residenz genannte Gebäudeensemble besteht aus drei hintereinanderliegenden Bauten mit kleinen Höfen und anmutigen Pavillons. Hier residierten Rama II., III. und IV. Zu besichtigen ist nur die von Rama I. als Gerichtsgebäude errichtete Audienzhalle **Amarinda Vinichai**, in deren Mitte ein Thron mit neunstufigem Ehrenschirm steht, flankiert von filigranen Goldbäumen. Ein vergoldeter bootsförmiger Altar (früher ebenfalls ein Thron) verbirgt die Tür zu den hinteren Gemächern: Im Saal **Phaisan Taksin** erhielt der König während seiner Krönung die royalen Insignien. Anschließend verbrachte er die erste Nacht seiner Herrschaft im dritten Pavillon, genannt **Chakraphat Phiman**.

Chakri Maha Prasat

Die Marmorfassade des Repräsentationsgebäudes ließ Rama IV. von einem britischen Architekten im Stil der italienischen Renaissance entwerfen, um 100 Jahre Chakri-Dynastie zu feiern. Nur das Staffeldach trägt die typisch siamesischen Züge mit Spitztürmen und farbigen Ziegeln. Im Mittelteil des Baus werden Urnen mit der Asche verschiedener

Die Phra-Maha-Montien-Gruppe umfasst die ältesten Gebäude des Großen Palasts

Könige aufbewahrt. Kristalllüster und historische Gemälde schmücken den Thronsaal, in dem Staatsempfänge stattfinden.

Dusit-Gruppe

Ältester und berühmtester Gebäudekomplex ist die westlich anschließende Dusit-Gruppe. Der grazile, mit eleganten Mosaiken verzierte Pavillon **Aphon Phimok Prasat** diente dem König als Umkleideraum, bevor er den Audienzsaal betrat. Das **Dusit Maha Prasat** genannte Gebäude wurde 1789 von Rama l. im schönsten Rattanakosin-Stil über kreuzförmigem Grundriss als Krönungs- und Empfangshalle errichtet. Die Wände sind blendend weiß, die prachtvollen vierfachen Staffeldächer mit roten und grünen Ziegeln werden von vier Garudas getragen und enden in einem neunfach gestaffelten Turm mit vergoldeter Spitze. Während Rama I. zu seiner Zeit in einer Loge hoch über dem Hofstaat thronte, nahmen spätere Könige auf einem neueren perlmuttverzierten Thron Platz. Ihn überspannt ein weißer, neunstufiger Ehrenschirm. Die Halle wird seit dem Tod von Rama I. zur Aufbahrung verstorbener Mitglieder des Königshauses genutzt.

Wat-Phra-Kaeo-Museum

Nach Verlassen des Palastbezirks kommt man am Wat-Phra-Kaeo-Museum vorbei, das Yaksha-Riesen und Garudas im Original zeigt und darüber hinaus Ausgrabungsfunde sowie Modelle wichtiger Tempelanlagen Bangkoks präsentiert.

Info

Wat Phra Kaeo und Großer Palast

- Eingang an der Thanon Na Phra Lan, direkt südlich des Sanam Luang
  Tgl. 8.30–16 Uhr, Einlass bis 15.30 Uhr, Führung auf Englisch um 10 Uhr, Paläste nur Mo–Fr, nur mit Führung
  Tel. 02 623 5500, Ext. 3100
  www.palaces.thai.net
  Eintritt 500 Baht (gilt 7 Tage lang auch für den Dusit-Palastpark mit Vimanmek Mansion und Ananta-Samakhom-Thronhalle), Audioguide (auch in Deutsch) 200 Baht
- **Hinweise:** Beim Tempelbesuch auf adäquate Kleidung achten: Knie, Schultern und Ellenbogen sollten bedeckt sein. Der Bot darf nur ohne Schuhe betreten werden.
  Gleich hinter der Kasse sind in einem Gebäudekomplex die **Königlichen Kroninsignien**, **Münzsammlungen** und **Prachtgewänder für den Smaragdbuddha** zu besichtigen; den Besuch legt man aber besser ans Ende des Rundgangs.
- **Warnung:** Rund um das Areal machen viele Schlepper Touristen weis, Tempel und Palast seien heute geschlossen, um ihre ahnungslosen Opfer dann in Nepperläden zu lotsen.

Zwischenstopp: Restaurant

Ming Lee ❶ € [B3]
Mittagslokal mit chinesischer und thailändischer Küche in einem gelben Shophouse mit grünen Türen schräg gegenüber dem Eingang zum Wat Phra Kaeo. Sehr leckeres, langsam über Holzkohle gebratenes Schweine- und Entenfleisch in milder Brühe sowie knusprig gebratene Nudeln *(mii grob)*. Tgl. 11.30–18 Uhr.
- 30 Th Na Phra Lan | Rattanakosin

Silpakorn-Universität 5 [B3]

In den Gebäuden direkt nördlich des Königspalasts wird u. a. Kunst unterrichtet und ausgestellt. Besuchern zugänglich sind das im blassgelb und weiß gestrichenen neoklassizistischen Wang Tha Phra untergebrachte **Silpakorn University Art Centre** (Eingang Thanon Na Phra Lan, www.art-centre.su.ac.th, Mo–Fr 9–19, Sa 9–16 Uhr), die **Art Gallery** in der Faculty of Painting (Di–So 9–16.30 Uhr) und die **Gallery of Art and Design** in der Faculty of Decorative Arts (Mo–Sa 10–18 Uhr, Eintritt jeweils frei).

In einem ▮ charmanten schattigen Garten an der Ostwand des Art Centre sind Skulpturen von Corrado Feroci alias Silpa Bhirasri zu sehen. Der vielverehrte italienische Bildhauer war von König Rama VI. ins Land gerufen worden, um an der Königlichen Akademie Kunst zu unterrichten.

Wat Mahathat 6 ★ [B3]

Die rote Fassade an der Westseite des Sanam Luang verbirgt hinter der Nationalbibliothek den unter Rama I. im 18. Jh. gegründeten Tempel der Großen Reliquie, Zentrum des größten Mönchsordens des Landes, mit der buddhistischen Mahachulalongkorn-Universität. Über 300 Mönche leben hier, die u. a. in Meditation unterrichtet werden. **50 Dinge** ⑩ › S. 13. ▮ Unter der Woche ist der Tempel eine Oase der Ruhe, doch am Sonntagmorgen versammeln sich hier zahlreiche Gläubige. Der Wat besteht aus einem kleinen Bot, mehreren Viharns (einer besitzt zwei wertvolle Buddhastatuen aus Lopburi) und einem Chedi, der eine kostbare Reliquie enthält. Meist ist nur ein Teil der Anlage zugänglich (Eingang Thanon Na Phra That, tgl. 8–17 Uhr).

Der Amulettmarkt an der Rückseite des Tempels fiel 2016 »Sanierungsmaßnahmen« zum Opfer.

Zwischenstopp: Café

Cafe Velodome ❷ € [B3]

Freundliches klimatisiertes Radlercafé (organisiert kostenlose Touren) auf dem Campus der Thammasat-Universität. Guter Latte Macchiato, feine Cakes, leckere Sandwiches. Tgl. 8–20 Uhr.

• 2 Th Phra Chan | Rattanakosin
  Tel. 02 623 6340

National Museum 7 [B2]

Nördlich des Sanam Luang wurde im 1874 von Rama V. gegründeten Nationalmuseum ohne Zweifel eine der besten Kunstsammlungen Südostasiens zusammengetragen. Zu sehen sind Buddhaskulpturen aus verschiedenen Epochen, prunkvolle königliche Sänften und Kutschen sowie Musikinstrumente, Schmuck und Waffen. **Achtung:** Wegen andauernder Renovierungsarbeiten sind nicht alle Säle geöffnet.

Historischer Flügel

Die Ausstellung in der jüngst renovierten **Sivamokhaphiman Throne Hall** zeichnet anhand von ausgewählten Meisterwerken die Entwicklung des Landes von der Dvaravati- bis zur Rattanakosin-Epoche nach. Zu den größten Schätzen zählt die Stele von

König Ramkhamhaeng mit den ältesten bekannten Aufzeichnungen in thailändischer Schrift. Sie erzählen von der Geschichte des Königreichs von Sukhothai.

Wat Buddhaisawan

Der Wat aus dem Jahr 1795 im Eingangshof wurde als Privatkapelle des Kronprinzen errichtet. Unter einem Baldachin sitzt darin der **Phra Buddha Sihing** – nach dem Smaragdbuddha im Wat Phra Kaeo die am höchsten verehrte Buddhafigur des Landes. Einmal im Jahr, am Vortag des Songkran-Festes, wird die Statue in einer Prozession durch die Straßen getragen. Geschaffen wurde sie wohl um 1250 in Sukhothai. Die äußerst wertvollen, ohne spätere Überarbeitung erhaltenen

Wandmalereien des Bot illustrieren in allegorischer Weise das Leben des Erleuchteten. Episoden aus dem Ramakien › **Seitenblick S. 81** zieren die Lackschränke, in denen heilige Schriften aufbewahrt wurden.

Gebäude für die königlichen Bestattungswagen

Der Bau zur Rechten des Wat bewahrt **Sänften** und **Leichenwagen,** in denen seit der Zeit von Rama I. verstorbene Mitglieder der königlichen Familie zur Einäscherung transportiert wurden. Die Wagen haben einen pavillonartigen Aufbau, in dem die Urne des Verstorbenen Platz fand. Ein aus Teakholz gefertigter Wagen wiegt 20 Tonnen! Um ihn fortzubewegen, war die Kraft von 160 Männern erforderlich.

Mit ausgeklügeltem Lichtkonzept neu gestaltet: der historische Flügel des Nationalmuseums

Tamnak Daeng

Schräg gegenüber steht das **Rote Haus,** ein zierliches Teakhaus aus dem späten 18. Jh., das auf dem Areal des Großen Palasts für eine Schwester von Rama I. erbaut und später hierher transferiert wurde. Zu sehen sind Möbel aus der frühen Rattanakosin-Epoche, darunter ein holzgeschnitztes chinesisches Bett mit Baldachin. Die Gewänder der Prinzessin wurden in erlesenen Lackholztruhen aufbewahrt.

Zentrales Gebäude

Im ehemaligen Palais des Zweiten Königs sind ein mit Blattgold und polychromen Spiegeln verzierter bootsförmiger **Holzthron, Goldschätze aus** Ayutthaya, **königliche Insignien** und prunkvolle **Elefantensättel** zu sehen. **50 Dinge** ㉓ › **S. 14.** Außerdem kann man kunstvolle Teakmöbel, Prunkgewänder, Musikinstrumente und eine beeindruckende Sammlung von Marionetten und Khon-Masken bewundern.

Südflügel

Attraktionen im Obergeschoss sind **Keramiken und Bronzen** aus vorgeschichtlicher Zeit, **Buddhas im Dvaravati-Stil** (Ende 6.–10. Jh.) des Mon-Königreichs mit fein geschnittenen Gesichtszügen, ein in Nakhon Pathom gefundenes **Gesetzesrad** sowie Kunstwerke aus dem Königreich Borobudur (Java, 7.–11. Jh.), darunter eine **Statue von Ganesha,** Sohn des Shiva und Symbol der Weisheit. Zwei Figuren illustrieren die künstlerische Raffinesse des Srivijaya-Königreichs (7.–9. Jh.), dessen Zen-

trum Sumatra war: ein Bodhisattva Avalokiteshvara (7. Jh.) und ein Sitzender Buddha (13. Jh.), den eine Naga-Schlange beschützt.

Im Erdgeschoss ziehen eine großartige **Vishnu-Statue,** ein **Meditierender Buddha** im Lopburi-Stil (11. Jh.) sowie fein gemeißelte Türstürze mit Szenen aus der hinduistischen Mythologie die Blicke auf sich.

Nordflügel

Die Säle im Erdgeschoss versammeln Kunstwerke aus dem von birmanischem Einfluss geprägten Lanna-Königreich des Nordens (15. und 16. Jh.), während im 1. Stock ein kolossaler **Sitzender Buddha** aus Quarz im Dvaravati-Stil und die absoluten Highlights des Kunstschaffens im alten Siam warten: **Meisterwerke aus Sukhothai** (13.–14. Jh.) und **Ayutthaya** (15.–18. Jh.). Berühmt ist der unnachahmliche Eleganz ausstrahlende **Schreitende Buddha** aus Sukhothai. Außerdem kann man fein gearbeitete Truhen bewundern, in denen man heilige buddhistische Schriften aufbewahrte, sowie Keramik aus Sangkhalok, die im 15. und 16. Jh. in ganz Südostasien hochgeschätzt wurde.

Info

National Museum
- 4 Th Na Phra That | Rattanakosin
Tel. 02 224 1333
www.finearts.go.th/museumbangkok
Mi–So 9–16, letzter Einlass 15.30 Uhr,
Führungen auf Deutsch Mi, Do 9.30 Uhr
Eintritt 200 Baht
Vor dem Betreten einiger Räume muss
man die Schuhe auszuziehen.

Das Khon-Theater erzählt vom ewig währenden Kampf zwischen Gut und Böse

National Theatre 8 [B2]

Nördlich schließt das Gebäude des **Nationaltheaters** an; ein Relief des Elefantengottes Ganesha prangt über dem Haupteingang. Jeweils am ersten Sonntag des Monats finden um 13.30 und 17 Uhr Aufführungen des Khon-Theaters statt. Dieses traditionelle Maskentanzdrama inszeniert Episoden aus dem Ramakien › **Seitenblick rechts**.

Jeweils am letzten Freitag des Monats um 17 Uhr zeigt die Sisuk Nattakam Group des Fine Arts Department das ebenfalls klassische Tanzdrama *lakhon chatri*, das häufig an Schreinen zur Unterhaltung der Geister vorgetragen wird. Die Tänzerinnen tragen dabei prunkvolle Kostüme, aber keine Masken (2 Th Ratchini, Tel. 02 224 1342, www.finearts.go.th, Termine wechseln, vor Ort erfragen, Tickets direkt im Theater, 60–100 Baht).

SEITENBLICK

Das Ramakien

Auch die Thai-Version des Ramayana berichtet von der Odyssee des Prinzen Rama, Sohn des Königs von Ayodha. Im ersten Teil des Epos erobert Rama die Königstochter Sita, weil er als Einziger den Zauberbogen ihres Vaters heben und spannen kann. Nach einer langwierigen, von Ramas Stiefmutter eingefädelten Palastintrige geht Rama mit seiner geliebten Gattin Sita und seinem guten Bruder Lakshaman in die Wälder. Im zweiten Teil entführt der Dämonenkönig Totsakan die schöne Sita. Mit Hilfe des ihm treu ergebenen Affenkönigs Hanuman und dessen Affenarmee besiegt Rama die Dämonen der Insel Langka und befreit nach 14 Jahren seine Frau. Sita durchschreitet ein Feuer, um zu beweisen, dass sie ihrem Mann stets treu geblieben ist.

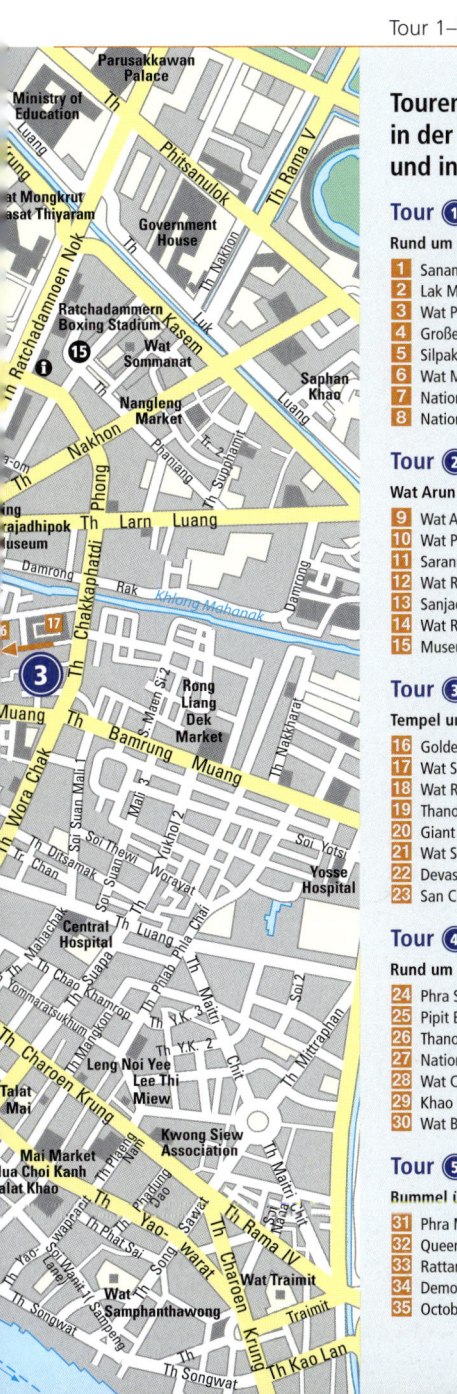

Touren im königl. Zentrum, in der östlichen Altstadt und in Banglamphu

Tour ➊

Rund um den Sanam Luang

1. Sanam Luang
2. Lak Mueang
3. Wat Phra Kaeo
4. Großer Palast
5. Silpakorn-Universität
6. Wat Mahathat
7. National Museum
8. National Theatre

Tour ➋

Wat Arun und Wat Pho

9. Wat Arun
10. Wat Pho
11. Saranrom Royal Garden
12. Wat Ratchapradit
13. Sanjao Saha Chat (Pig Shrine)
14. Wat Ratchabophit
15. Museum of Siam

Tour ➌

Tempel und Shophouses

16. Golden Mount
17. Wat Saket
18. Wat Ratchanatda
19. Thanon Bamrung Muang
20. Giant Swing (Sao Ching Cha)
21. Wat Suthat
22. Devasathan
23. San Chao Poh Seua

Tour ➍

Rund um die Khao San Road

24. Phra Sumen Fort
25. Pipit Banglamphu Museum
26. Thanon Phra Athit
27. National Gallery und Coin Museum
28. Wat Chana Songkhram
29. Khao San Road
30. Wat Bowonniwet

Tour ➎

Bummel über Bangkoks Prachtstraße

31. Phra Mahakhan Fortress
32. Queen's Gallery
33. Rattanakosin Exhibition Hall
34. Democracy Monument
35. October 14 Memorial

Wat Arun und Wat Pho

Verlauf: Wat Arun › Wat Pho › Saranrom Royal Garden › Wat Ratchapradit › Sanjao Saha Chat (Pig Shrine) › Wat Ratchabophit › Museum of Siam

Karte: Seite 82
Dauer: ca. 8 Std.
Praktische Hinweise:

- Startpunkt ist die Anlegestelle Tha Tien N8 (eine Station vor Tha Chang N9, › S. 70), die man von der BTS-Station Saphan Taksin mit Schnellbooten des Chao Phraya Express erreicht (ca. 35 Baht). Von hier setzen etwa alle 10 Min. Fähren zum Wat Arun über (3 Baht).
- Das Licht am Wat Arun ist am frühen Morgen, aber auch am späten Nachmittag geradezu magisch.
- Ein Besuch des schattigen Saranrom Royal Garden, der beiden idyllischen Tempelanlagen Wat Ratchapradit und Wat Ratchabophit und des klimatisierten Siam Museum (Mo geschl.) überbrückt die heiße Nachmittagszeit.
- Sollte es gegen 16 Uhr sonnig sein, lohnt es sich, noch einmal zum Wat Arun überzusetzen, um ihn im Abendlicht zu erleben.

Tour-Start:
Wat Arun 🟦9 ⭐2 [A4]

Der »Tempel der Morgenröte« am Wat Pho gegenüberliegenden Flussufer ist einer der schönsten Sakralbauten des Landes. Als Wahrzeichen Bangkoks ziert seine Silhouette das Logo der Tourismusbehörde TAT. Der gesamte Komplex ist mit Mosaiken aus Muschelschalen, farbigem Glas und Scherben chinesischen Porzellans überzogen. Das Porzellan wurde vor über 100 Jahren als Ballast in Handelsschiffen von China nach Siam gebracht. Über eine Million Teile sollen es sein, die sich zu Blumenmustern und Figuren arrangieren.

❗ Im frühen Morgenlicht nehmen die Porzellanmosaiken einen perlengleichen Schimmer an, während sie bei Sonnenuntergang in Rosa, Grün, Gelb und Blau besonders intensiv leuchten. Ende 2016 war der Prang wegen Restaurierungsarbeiten unter Gerüsten verschwunden. Ansonsten genießt man von der Aussichtsplattform auf halber Höhe einen herrlichen Rundblick, besonders auf den Wat Pho am gegenüberliegenden Flussufer.

Phra Prang

Der im Zentrum stehende 79 m hohe Prang (die Höhenangaben variieren) im Khmer-Stil wurde von Rama II. (reg. 1809–1824) in Auftrag gegeben. Sein Umfang beträgt an der Basis 234 m. Der Prang symbolisiert den heiligen Weltenberg Meru. Ihn umgeben vier kleinere Prangs und vier Pavillons, die für die Weltmeere und Windrichtungen stehen. Aus Nischen blicken Statuen des Windgotts Phra Phai, auf einem weißen Pferd sitzend, in alle vier Himmelsrichtungen.

Vier steile Treppen an den vier Seiten verbinden insgesamt vier

Die steilen Treppen des Phra Nang erklimmt man am besten, wenn die Hitze noch mäßig ist

Ebenen, auf denen der Phra Prang umrundet werden kann. Überlebensgroße Steinstatuen chinesischer Krieger flankieren die Treppenaufgänge. Zwischen den kleineren Prangs steht auf der ersten Terrasse jeweils einer von insgesamt vier portalartigen Mondhops, in denen Statuen die wichtigen Stationen im Leben des Buddha illustrieren: Geburt (Norden), Meditation (Osten), erste Predigt (Süden) und Eingang ins Nirwana (Westen).

Die zweite Ebene wird von Yaksha-Riesen getragen. Zwischen diesen Ebenen sind kleine Nischen eingerichtet, in denen Kinnari genannte mythologische Vogelwesen zu sehen sind: Bewohner des Himaphanta-Waldes an den Hängen des Weltenberges Meru.

Die dritte Ebene stützen Affen, die im Ramakien eine bedeutende Rolle spielen. Auch hier gibt es Nischen mit Kinnari-Figuren.

Die vierte und oberste Ebene wird von himmlischen Devatas getragen. Auf allen vier Seiten sind kleine Nischen mit Statuen des Hindugottes Indra zu sehen, Herrscher des Tavatimsa-Himmels, in dem alle Wünsche erfüllt werden. Indra reitet auf dem dreiköpfigen Elefanten Erawan. Die Spitze des Prangs tragen Figuren des Gottes Vishnu, sein Reittier ist der mystische Vogel Garuda. Auf der Spitze selbst ist eine goldene Krone angebracht, die ursprünglich für eine Buddhastatue gedacht war.

Bot

Der Bot wurde nach einem Brand unter König Chulalongkorn neu errichtet. Sein mit orangefarbenen und grünen Keramikfliesen gedecktes Dach wird von weißen, achteckigen Säulen mit vergoldeten Lotuskapitellen getragen. Zwischen den beiden östlichen und den westlichen Eingängen des Bot steht in einer Nische

Phra Phuttharup Narumit, eine Buddhastatue in königlichem Ornat. Die Innenwände des Bot schmücken Wandmalereien aus der Regierungszeit von König Chulalongkorn, die Geschichten aus den letzten zehn Leben des Buddha *(jatakas)* schildern. Die Haupt-Buddhastatue im Bot zeigt die Geste der Erdanrufung. Der Legende nach soll Rama II. sie eigenhändig modelliert haben. Im Sockel der Figur wird die Asche des Königs aufbewahrt.

Viharn

Im Viharn, den zwei Yaksha-Riesen schützen, war der Smaragdbuddha bis zu seiner 1782 erfolgten Überführung in den Wat Phra Kaeo aufgestellt. Die Außenwände sind mit farbigen, das Dach mit grünen und orangefarbenen Keramikfliesen verkleidet. Im Inneren befindet sich eine Buddhastatue aus vergoldetem Kupfer aus der Regierungszeit von König Rama III., in deren Brust 1953 angeblich eine Reliquie des Buddha gefunden wurde. Die Statue zeigt die Geste der Erdanrufung. Eine weitere, kleinere Bronzestatue mit Namen **Phra Arun** wurde 1858 aus Vientiane hierher gebracht.

Zwischen dem Wandelgang des Bot und dem Viharn steht ein luftiger quadratischer Mondhop. Seine weißen Außenwände schmücken florale Muster aus Porzellanscherben, im Inneren befindet sich ein Fußabdruck des Buddha (Phra Bat).

Nördlich des Mondhop stehen zwei dreistöckige Glockentürme symmetrisch zum Viharn.

Info

Wat Arun
- Thanon Arun Amarin | Thonburi
Tel. 02 891 2978
www.watarun.net
Tgl. 7.30–17.30 Uhr
50 Baht

Wat Pho 10 ⭐ [B4]

Südlich des Königspalasts, nur durch die Thanon Thai Wang von diesem getrennt, liegt Bangkoks größter und ältester Tempel, auch Wat Chetuphon genannt. Die Gesamtanlage wurde unter Rama I. ab 1793 in 12 Jahren an der Stelle errichtet, wo sich zuvor Wat Bodharam, der Tempel des Bodhibaumes (16. Jh.), befunden hatte. Rama III. vergrößerte den Klosterbezirk auf 8 ha, um die Wissenschaften zu fördern. So entstand hier nach seinem Willen die erste öffentliche Volksuniversität Thailands. Weiße Mauern

Mehrfach gestaffelte Dächer verleihen dem Wat Pho schwebende Leichtigkeit

Das stetige Klappern kleiner Münzen in Opferschalen erfüllt den Viharn Phra Non

umgeben das Areal. Von insgesamt 16 Toren sind zwei geöffnet. Durch den Eingang an der Thanon Thai Wang gelangt man am schnellsten zum Liegenden Buddha. Der andere Eingang befindet sich an der Thanon Chetuphon. In den Klostergebäuden auf der gegenüberliegenden Straßenseite leben rund 300 Mönche, die sich gerne mit interessierten Besuchern unterhalten.

Viharn Phra Non

Hauptattraktion des Wat Pho ist der von Rama III. erbaute Viharn Phra Non. **!** Er birgt die 46 m lange und 15 m hohe vergoldete Statue des Liegenden Buddha, die den Eingang des Erleuchteten ins Nirwana symbolisiert. Sie nimmt fast den gesamten Raum ein. Vor den Fußsohlen Buddhas sind Almosenschalen aufgestellt: Wer sein Karma verbessern will, wirft 108 25-Satang-Münzen hinein, die man vor Ort für wenige Baht erhält. **50 Dinge** (28) › **S. 15.**

Neben dem Viharn steht der **Chinesische Pavillon,** der einen heiligen Bodhibaum umschließt. Um den Stamm sind bunte Bänder gewickelt.

Terrasse der königlichen Chedis

Der Rundgang führt nun, vorbei an einem großen Gong, zu einer von kleinen Mauern umgebenen Terrasse, auf der vier große, mit farbigen Fliesen dekorierte Chedis angeordnet sind. Sie erinnern an die ersten vier Könige der Chakri-Dynastie. Der grüne Chedi wurde von Rama I. errichtet, er enthält einen stehenden Steinbuddha aus Ayutthaya (Phra Si Sanphet), dessen Goldummantelung die birmanischen Eroberer geraubt haben. Der weiße Chedi erinnert an Rama II., der gelbe an Rama III. Den blauen Chedi ließ König Mongkut erbauen. Vorbild war ein Chedi in Ayutthaya, der das Gedenken an die mutige Königin Suriyothai hochhielt.

Medizinpavillons und Viharns

Wat Pho ist das Zentrum einer landesweiten Bewegung für die Bewahrung und Verbreitung der traditionellen thailändischen Medizin und der Thai-Massage. So findet man gegenüber den Chedis zwei **Medizinpavillons.** Einer zeigt eine Reihe anatomischer Reliefs, die auf Marmorplatten geritzt wurden. Sie illustrieren die Reflexzonen, deren präzise Kenntnis Grundlage der Thai-Massage ist.

Wandelgänge mit knapp 400 Buddhastatuen verbinden die vier Viharns, die sich um das Hauptheiligtum gruppieren. Alle bewahren Buddhas, die aus dem geplünderten Ayutthaya gerettet und von Rama I. hierher verbracht wurden. Die vier Ecken des Innenhofs markieren vier prachtvolle Prangs.

Bot

Eine Plattform aus Marmor trägt den 1990 restaurierten Bot, dessen Zugänge birmanische Bronzelöwen bewachen. Zwei Reihen mit je acht Teakholzsäulen gliedern das mit prachtvollen Wandfresken ausgemalte Innere, die vorherrschenden Farben sind Rot und Gold. Die 152 Marmorreliefs am Sockel stellen Szenen aus dem Ramakien › **Seitenblick S. 81** dar. Genauere Betrachtung verdienen die vergoldeten Fensterläden und Teakholztüren mit Perlmuttintarsien (Nordseite) sowie die steinernen Türwächter. Letztere wurden als Schiffsballast aus China eingeführt. Sogar Europäer mit Zylinder sind darunter.

Den Bezirk des Bot durch den östlichen Viharn verlassend, kommt man zu Pavillons, in denen man sich massieren lassen (1 Std. 430 Baht) oder Massagekurse belegen kann (Tel. 02 662 3533, tgl. 8–17 Uhr).

Info

Wat Pho (Wat Chetuphon)
• Soi Chetuphon | Rattanakosin
Tel. 02 226 0335
www.watpho.com
Tgl. 8–18.30 Uhr
100 Baht

Zwischenstopp: Restaurants

Sala Rattanakosin Restaurant & Bar ❸ €€–€€€ [B4]
Vor allem wegen des Traumblicks auf den Wat Arun eine tolle Adresse; die Küche ist nicht ganz so überragend. **50 Dinge ㉔** › S. 14. Tgl. 11–16, 17.30–23 Uhr.
• 39 Th Maharat | Rattanakosin
Tel. 02 622 1388
www.salaresorts.com/rattanakosin

Pa Aew ❹ € [B4]
Einfache offene Garküche (Schild nur in Thai-Schrift) mit sehr leckeren Currys, viele mit Seafood. Di–Sa 10–17 Uhr.
• Thanon Maharat, Nähe Soi Pratu Nokyung | Rattanakosin

Saranrom Royal Garden ⓫ [B3]

Gleich hinter dem Wat Pho liegt an der Thanon Sanam Chai eine grüne Oase. Der unter König Chulalongkorn angelegte und 1960 für die Öffentlichkeit freigegebene Park gehörte einst zum Saranrom-Palast, der heute das Außenministerium beherbergt. Hier kann man sich wunderbar vom Besichtigungsstress erholen. Man spaziert auf von duftenden Frangipani gesäumten Wegen zu einem Teich, einem traditionellen Teakhaus und mehreren Pavillons. Das Marmordenkmal im Süden des Parks erzählt die traurige Geschichte der 19-jährigen Sunantha, erste von vier Gemahlinnen von Rama V., die diesen Park besonders liebte. Auf der Fahrt zum Sommerpalast Bang Pa-In im Jahr 1880 kenterte das königliche Boot: Die schwangere Sunantha ertrank zusammen mit ihrer zweijährigen Tochter, weil es zu dieser Zeit Höflingen bei Todesstrafe verboten war, Mitglieder der königlichen Familie zu berühren (tgl. 9–21 Uhr).

Im Saranrom Royal Garden wandelten früher Majestäten

Wat Ratchapradit 12 [B3]

An der Nordseite des Saranrom-Parks liegt dieser kleine, sehr interessante, bislang aber recht wenig besuchte Wat, ein königlicher Tempel Erster Klasse. Er wurde 1864 von König Mongkut erbaut und als erster Tempel der von Rama IV. gegründeten Thammayut-Gemeinschaft gewidmet. Die braune statt safrangelbe Gewänder tragenden Mönche der Thammayut-nikai halten sich streng an die ursprünglichen Ordensregeln und die Pali-Schriften und lehnen mystische Vorstellungen ab.

Phra Vihara Luang

Die graue Marmorverkleidung des auf einem hohen Sockel thronenden Hauptgebäudes verrät Mongkuts Vorliebe für westliche Architektur. Sie bildet einen frappierenden Kontrast zum kunstvollen goldenen Schnitzwerk der Türen, Fenster, Giebel und Dachtraufen mit blauem Hintergrund. Die Kapitelle der runden Marmorsäulen sind als goldene Kronen gestaltet. Die Wandmalereien im Inneren stammen aus der Regierungszeit von König Chulalongkorn. Sie schildern die zwölf königlichen Zeremonien des thailändischen Mondkalenders. Auf einem Gemälde beobachtet König Mongkut durch ein Teleskop eine totale Sonnenfinsternis, die er selbst Jahre zuvor korrekt vorausberechnet hatte. Damit demonstrierte er den westlichen Kolonialmächten die Fortschrittlichkeit seines Landes.

Kristalllüster erhellen den Bot, in dem Buddha unter einer mit Kristallsternen verzierten rot-goldenen Kassettendecke thront. Die französischen Stehlampen, englischen Straßenlaternen und eine noch immer tickende Uhr aus Deutschland waren Geschenke europäischer Diplomaten an den König.

Weitere Gebäude

Nördlich des Viharn steht der ebenfalls mit grauem Marmor verkleidete **Pasana-Chedi** im Sri-Lanka-Stil. Die den Viharn flankierenden weißen **Prangs** mit Gesichtern im Khmer-Stil wurden unter König Rama VI. errichtet. Das östliche Gebäude fungiert als **Bibliothek** (Hor Trai) des Tempels. Die Reliefs der Giebelfelder über Fenstern und Türen schildern Episoden aus dem Leben Buddhas. Das westliche Gebäude birgt eine lebensgroße Statue von König Mongkut.

Info

• Thanon Saranrom | Rattanakosin
Tgl. 5–22 Uhr (Renovierungsarbeiten sind im Gange, auf freundliche Nachfrage hin wird man aber eingelassen) Eintritt frei, Spende erbeten

Sanjao Saha Chat (Pig Shrine) 13 [B3]

Etwas östlich des Wat, neben einer kleinen Fußgängerbrücke über den Khlong Lod, ist ein für westliche Augen reichlich seltsam wirkender Schrein zu entdecken. Auf hohem Steinsockel thront unter einem Baldachin ein Bronzeschwein. Es wurde 1913 zum 50. Geburtstag von Königin Sri Phatcharinthra aufgestellt, einer der vier Ehefrauen König Chulalongkorns, die im chinesischen Jahr des Schweins geboren wurde. Wer selbst im Jahr des Schweins zur Welt kam oder ein Familienmitglied dieses Jahrgangs ehren möchte, reibt Blattgold auf die Skulptur und schmückt sie mit Blumengirlanden und bunten Tüchern.

Wat Ratchabophit 14 [B3]

Wenn man die Fußgängerbrücke überquert, findet man wenige Schritte nördlich an der Ostseite des Khlong Lod diesen ebenfalls relativ wenig besuchten Wat. Er wurde 1869 von König Chulalongkorn als königlicher Tempel Erster Klasse erbaut. Von chinesischem Einfluss zeugen die bunten Wächterfiguren am Eingang, die europäische Uniformen tragen. Recht ungewöhnlich ist der kreisrunde Innenhof mit Wandelgang, der den zentralen, golden leuchtenden Chedi umschließt. Seine Spitze krönt eine goldene Kugel, die eine Reliquie des Erleuchteten birgt.

Bot und Viharn

Die Außenwände sind mit Fliesen aus Benjarong-Porzellan überzogen, die für zauberhafte Farbeffekte sorgen. Vergoldete Schnitzereien zieren Türen und Fenster des Viharn. An den 3 m hohen Türflügeln des Bot stellen die wohl schönsten Einlegearbeiten Bangkoks die verschiedenen thailändischen Orden und Ehrenzeichen dar. Das Innere verrät König Chulalongkorns Vorliebe für europäische Architektur: Mit seinen gotischen Gewölben und Kronleuchtern erinnert der Bot an eine britische Banketthalle. Auf einem Sockel aus italienischem Marmor thront Buddha Ankiros, behütet von einem neunstufigen Baldachin.

Königlicher Friedhof

Im westlichen Tempelareal haben zahlreiche Mitglieder des Königshauses ihre letzte Ruhe gefunden.

Allein schon die Perlmuttintarsien an den Türen lohnen den Besuch im Wat Ratchabophit

Besonders kunstvoll sind die teils an gotische Kapellen erinnernden Grabmäler für König Chulalongkorns vier Hauptfrauen.

Info

Sanjao Saha Chat (Pig Shrine)
• Thanon Rajabophit/Ecke Thanon
  Atsadang | Rattanakosin
  Tgl. 5–18 Uhr
  Eintritt frei, Spende erbeten

Museum of Siam 15 ⭐ [B4]

Folgt man der Thanon Sanam Chai in südlicher Richtung, ist in wenigen Minuten das ehemalige Gebäude des Handelsministeriums erreicht. Hier veranschaulicht das Museum of Siam mit modernster Technologie, was als typisch Thai zu gelten hat, kulturell, ethnisch und sozial. ❗ Beim Betreten eines der 17 Säle von Sensoren ausgelöste humorvolle Videosequenzen und viele interaktive Exponate gestalten den Besuch auch für Kinder interessant. Man lernt hier spielerisch die Geschichte Thailands kennen. Los geht es mit der Vorgeschichte des in indischen Dokumenten erwähnten mythischen »goldenen Lands« Suvarnabhumi, nach dem der neue Flughafen benannt ist. Es folgt die legendäre Ankunft buddhistischer Missionare. Anschließend werden die kurze, aber glorreiche Geschichte von Sukhothai und die 400 Jahre des Reichs von Ayutthaya und dessen Kriege gegen die Birmanen präsentiert, letztere in Form von Videospielen. Viel Platz räumt man der Gründung Bangkoks und der Modernisierung des Landes unter den Königen Rama IV. und V. ein, aber auch die Geschichte der chinesischen Einwanderer wird aufgearbeitet. Der letzte Saal ist der Zukunft des Landes gewidmet. Im netten kleinen Café kann man eine Pause einlegen (4 Th Sanam Chai/Ecke Th Maharat, www.museumsiam. org, Di–So 10–18 Uhr, 300 Baht, ab 16 Uhr Eintritt frei).

Auf den Khlongs ins ländliche Bangkok

Um Bangkoks kleinstädtisches Pendant Thonburi kennenzulernen, muss man nur den Chao Phraya überqueren. Die meisten Besucher beschränken sich dabei auf den berühmten **Wat Arun** › S. 84. Doch Thonburi hat viel mehr zu bieten. 15 Jahre lang war es unter König Taksin die Hauptstadt Siams. Zu wenig Zeit, um Prunkbauten zu errichten, und so bietet Thonburi noch immer ein ländliches Ambiente.

Mit öffentlichen (oder gecharterten) Longtailbooten geht es z. B. vom Pier Tha Chang hinter dem Königspalast durch die Khlongs. Je weiter man in den Vorort hineinfährt, desto mehr erinnert an die Zeit, als Bangkok noch das »Venedig des Ostens« war. Die Bewohner waschen ihre Wäsche in den Khlongs, Kinder planschen im Was-

ser, Boote paddeln von Haus zu Haus, um Lebensmittel und Haushaltswaren feilzubieten.

Besonders zu empfehlen sind ganztägige, preiswerte kombinierte Fluss- und Khlong-Touren inkl. Besichtigung der königlichen Barken, einer Schlangenfarm, einer Künstlerkooperative und eines Schwimmenden Marktes. Fast im Minutentakt bieten Händler auf Booten kleine Snacks, Erfrischungen und natürlich Souvenirs an. Auf den meistbefahrenen Routen kommt es dabei zu regelrechten Staus.

Sehenswertes in Thonburi

Die wichtigsten architektonischen Sehenswürdigkeiten liegen am Flussufer und können auf eigene Faust besichtigt werden. Man besteigt ganz einfach eine der in kurzen Abständen verkehrenden Flussfähren (Chao Phraya Express Boats).

- **Royal Barges Museum** [A2]
  In einer Bootshalle am Nordufer des Khlong Bangkok Noi sind die prunkvollen königlichen Barken zu sehen: schmale, kunstvoll mit Holzschnitzereien und Lackarbeiten verzierte Boote, die ab und an noch für spektakuläre Prozessionen auf dem Fluss genutzt werden. Am Bug der Barken prangen mythologische Wesen wie eine siebenköpfige Schlange oder ein Garuda.
  50 Dinge ㉙ › S. 15.
  80/1 Th Arun Amarin | Thonburi
  Tgl. 9–17 Uhr | 100 Baht
  Tha Phra Pinklao Bridge N12

- **Siriraj Hospital** [A2]
  Im ersten westlichen Krankenhaus des Landes kann man drei recht gruselige Museen zur Pathologie, Anatomie und Forensik besichtigen; ausgestellt ist u. a. der konservierte Leichnam des Serienmörders Si Ouey, der in den 1950er-Jahren über 30 Kinder tötete. Eine weitere Sammlung widmet sich tropischen Parasiten.
  2 Th Arun Amarin | Thonburi
  Mi–Mo 10–17 Uhr | 200 Baht
  Tha Siriraj N10

- **Wat Rakhang** [A3]
  Der nördlich des Wat Arun gelegene Tempel der Glocken (die kleineren darf man läuten und sich etwas wünschen) ist besonders wegen der originalgetreu erhaltenen, wenngleich etwas verblassten Wandmalereien aus der Ayutthaya-Zeit und wegen der kunstvoll geschnitzten Holztüren und Fensterläden der Bibliothek sehenswert.
  250 Th Arun Amarin | Thonburi
  Tgl. 6–21 Uhr
  Tha Wat Rakhang N9

- **Wat Kalayanamit** [B4]
  1825 südlich der Einmündung des Khlong Bangkok Yai von einem chinesischen Händler erbauter Tempel mit Thailands größter, in den Nationalfarben Rot und Blau gestrichener Bronzeglocke. Der höchste Viharn der Stadt birgt verblasste, chinesisch inspirierte Malereien und einen über 15 m hohen sitzenden Buddha.
  Th Arun Amarin 6 | Thonburi
  Tgl. 6–21 Uhr
  Tha Kalayanamit N7

- **Santa Cruz Church** [B4]
  Die Kirche inmitten des ehemaligen portugiesischen Viertels wurde nach der Zerstörung von Ayutthaya gegründet und 1916 von italienischen Architekten neu entworfen. In der Umgebung verkaufen einige Läden das leckere, nach traditionellem portugiesischem Rezept hergestellte Gebäck *khanom farang kudi jeen*.
  Soi Kuti Jiin | Thonburi
  Sa, So 7–12 Uhr
  N7 zum Pier der Kirche

Tourveranstalter

- **Pandan Tour**
  Umweltfreundliche ganztägige Khlong-Touren im Teakboot mit englischsprachigen Führern. Ab 2300 Baht inkl. Mittagessen.
  780/488 Th Charoen Krung | Sathorn
  Tel. 087 109 8873
  www.thaicanaltour.com

- **Real Asia**
  Khlong-Touren per Boot und Fahrrad. 2400 Baht inkl. Mittagessen.
  10/5–7 Soi Aree,
  Th Sukhumvit Soi 26 | Watthana
  Tel. 02 665 6364
  www.realasia.net

ÖSTLICHE ALTSTADT

Kleine Inspiration

- **Die oberste Plattform des Loha Prasat erklimmen** und den Blick auf den Golden Mount genießen › S. 97
- **Den Mönchen im Wat Ratchanatda ein Amulett abkaufen,** angesteckt vom Geisterglauben der Thais › S. 98
- **Beim Vergolden einer Buddhastatue zusehen** in den Werkstätten der Thanon Bamrung Muang › S. 99
- **Im San Chao Poh Seua Räucherstäbchen entzünden** und dem chinesischen Kriegsgott kleine Zuckertiger spendieren › S. 102
- **Traditionelle Thai-Küche probieren** in einem der alten Shophouses entlang der Thanon Tanao › S. 103

Das Altstadtviertel östlich des Königspalasts ist ein Muss für Tempelfans. Hier erlebt man alle Facetten der buddhistischen Glaubenswelt, die chinesische und indische Traditionen mit verblüffender Toleranz integriert.

Nur wenige Fußminuten östlich des vom inneren Khlonggürtel umschlossenen Königsbezirks ist man bereits den unzähligen Touristengruppen entronnen. In diesem vom Khlong Ong Ang und der Thanon Maha Chai im Osten sowie der Prachtstraße Thanon Ratchadamnoen Klang im Norden begrenzten Altstadtviertel spaziert man durch Straßen, die von alten Shophouses gesäumt werden. Deren Läden und kleine Märkte bieten köstliches Streetfood oft schon seit mehreren Generationen an, verkaufen geheimnisvolle Arzneien und versorgen Gläubige mit buddhistischen Devotionalien und magischen Amuletten, die für oder gegen die erstaunlichsten Dinge gut sind. Vorbeiknatternde Tuk-Tuks, die (selten ohne Hintergedanken) eine Mitfahrgelegenheit anbieten, kann man getrost ignorieren – die Wege sind kurz. Nur wenige Gehminuten liegen zwischen den einzelnen Sehenswürdigkeiten.

Die Tempel und Schreine dieses Viertels sind höchst sehenswert, doch teilt man die Bewunderung für die Pracht der goldglänzenden Buddhas, die Eleganz filigranen Schnitzwerks und den Zauber alter Wandmalereien oft nur mit wenigen Besuchern. Ist ein Tempel mal wegen Renovierung geschlossen, lohnt es sich trotzdem, freundlich anzuklopfen. Unter Umständen kommt man dann sogar in den Genuss einer Privatführung.

Der frühe Morgen und der späte Nachmittag sind die besten Zeiten, um die besonders fotogenen Tempel Golden Mount, Wat Ratchanatda und Wat Suthat im schönsten Licht zu erleben. Wer Zeit hat, sollte seine Lieblinge abends ein zweites Mal aufsuchen, denn sie werden alle effektvoll illuminiert.

Das Viertel dürfte sich aber bald verändern. Die Immobilienspekulanten stehen schon in den Startlöchern, denn in einigen Jahren wird die Metro endlich die Altstadt erreichen. Welche Folgen das hat, lässt sich im benachbarten Chinatown schon besichtigen.

Oben: in der Thanon Bamrung Muang
Links: Chedi auf dem Golden Mount

Tour in der östlichen Altstadt

Tempel und Shophouses

Verlauf: Golden Mount › Wat Saket › Wat Ratchanatda › Thanon Bamrung Muang › Giant Swing (Sao Ching Cha) › Wat Suthat › Devasathan › San Chao Poh Seua

Karte: Seite 82
Dauer: ca. 8 Std.
Praktische Hinweise:

• Den Startpunkt Golden Mount erreicht man vom Siam Square oder der Thanon Sukhumvit aus mit dem Khlongboot (Tha Panfa Leelard, Golden Mount Line).

• Der Chedi des Golden Mount lässt sich morgens am besten von der Thanon Chakkraphatdi Phong aus fotografieren, am Nachmittag von der Thanon Ratchadamnoen aus.

• Wenn man am Ende der Tour nicht zum Fähranleger zurückkehren möchte, erreicht man in ca. 15 Gehminuten den Sanam Luang.

Tour-Start:
Golden Mount 16 ⭐ [C3]

Ein wundervoller Blick über Bangkok, vor allem nach Westen über den alten Stadtkern bis zum Wat Phra Kaeo und Wat Arun, präsentiert sich vom Golden Mount (Phu Khao Thong). Rama III. ließ Anfang des 19. Jhs. am Zusammenfluss der drei Khlongs einen riesigen Chedi für den benachbarten Wat

Saket errichten. Aufgrund des weichen Untergrunds stürzte dieser jedoch in sich zusammen. Tropische Vegetation überwucherte den Schutt und bildete einen ca. 80 m hohen Hügel, auf dem ab 1865 der heutige goldene Chedi entstand. Nachts wird er illuminiert und scheint wie eine Fata Morgana über der Stadt zu schweben.

Man betritt das Gelände durch den westlichen Eingang an der südlichen Thanon Boriphat, östlich des Khlongs Ong Ang. Von hier führen 318 Stufen zu der buddhistischen Tempelanlage hinauf. ❗ Heilige Bäume, Grabsteine, chinesische Schreine, Urnen und Gebetsplätze säumen den Aufstieg. Am frühen Morgen trifft man hier viele Mönche in safrangelben Roben auf dem Weg zu ihrem Almosengang. Vom 9. bis zum 11. November (Lichterfest Loy Krathong) pilgern zahllose Gläubige in einer Kerzenprozession den Hügel hinauf, um der im Chedi eingemauerten Reliquie Buddhas ihre Reverenz zu erweisen. Dann erleuchten unzählige Laternen die Anlage, und die Menschen amüsieren sich auf einem mehrtägigen Volksfest mit Theaterdarstellungen (Thanon Boriphat, tgl. ab 4 Uhr).

Wat Saket 17 [C3]

Der benachbarte Wat Saket wurde schon 1782, also noch vor der Gründung Bangkoks, von Rama I. erbaut. Damals lag er vor den Toren der Stadt, weswegen hier die Toten

In Ban Baat wird ein aussterbendes Handwerk bewahrt: die Herstellung von Bettelschalen

verbrannt wurden. Im Bot ist der aus den Ruinen Sukhothais gerettete Buddha **Phra Attharot** aufgestellt. Diese stehende Figur soll ungefähr 600 Jahre alt sein. Bemerkenswert sind die in Rot und Gold gehaltenen Wandmalereien, darunter verstörende Darstellungen der buddhistischen Hölle, in der zum Skelett abgemagerte Sünder mit Spießen traktiert werden (Thanon Boriphat, tgl. 9–17 Uhr). **50 Dinge** ③⑧ › S. 16.

Wat Ratchanatda 18 [C3]

Direkt gegenüber dem Mahakhan Fort liegt in einer grünen Gartenanlage ohne Mauern der 1846 unter König Rama III. begonnene Wat Ratchanatda. Ein schöner Blick auf das Ensemble bietet sich vom gepflegten kleinen Rama III. Memorial Park. Noch faszinierender präsentiert sich das Tempelpanorama (mit Golden Mount) von der Nordseite der Thanon Ratchadamnoen Klang aus, besonders bei abendlicher Beleuchtung.

Loha Prasat

Im Zentrum der Anlage steht der 36 m hohe, reichlich eigenwillige Loha Prasat (»Eisernes Schloss«), der stilistisch einem etwa 150 v. Chr. in

Ban Baat – Dorf der Bettelschalen

Südwestlich des Golden Mount liegt zwischen der weißen Stadtmauer (Thanon Maha Chai) und dem Khlong Ong Ang die kleine Siedlung Ban Baat. Sie ist nach den Bettelschalen *(baat)* benannt, die hier noch einige wenige Handwerker aus acht Metallteilen schmieden: Symbol für den Edlen Achtfachen Pfad des Buddhismus. In der Nähe warten meist Kinder, die Interessenten zu den Werkstätten führen. Man kann bei der aufwendigen Arbeit zusehen (eine Spende wird erwartet) und die Gefäße natürlich auch erwerben. Für die Mönche werden allerdings inzwischen fast alle Almosenschalen industriell hergestellt.

Ein Amulett ist nur dann wirksam, wenn es von einem Mönch geweiht wurde

zen das dreifach gestaffelte Dach, dessen Giebelfeld mit vergoldetem Stuck verziert ist. Alte Wandmalereien zieren den Innenraum, dessen wichtigste Buddhastatue **Phra Setthamuni** 1864 aus einer Kupferlegierung gegossen wurde.

Amulettmarkt

Südlich des Bot (Zugang von der Thanon Maha Chai aus) findet man buddhistische Glücksbringer, Bronzefiguren des Erleuchteten und weitere Devotionalien. Motive sind oft Miniaturen, die heilige Statuen, berühmte Wats, verehrte Mönche, König Rama V. oder legendäre Heiler abbilden. Häufig sind sie mit magischen Formeln beschrieben, die bei Gefahr rezitiert werden.

Der materielle Wert ist oft nur gering, trotzdem geht der Preis besonders wirkungsvoller Amulette in die Millionen Baht. »Was für ein Amulett hat er getragen?« lautet die erste Frage, wenn jemand einem Unglück entronnen ist. Der Preis für dieses besondere Amulett schießt dann garantiert in die Höhe. Ansonsten gilt: Hat man Glück, lag es am Amulett, hat man Pech, war das Amulett zu schwach, und trug man kein Amulett, war man nun wirklich selbst schuld!

Anuradhapura (Sri Lanka) erbauten, heute nicht mehr existierenden neunstöckigen Vorbild folgt. Thailand bemüht sich um die Anerkennung als Weltkulturerebe.

❗ Über quadratischem Grundriss bilden 37 Türmchen aus schwarzem Metall eine dreistufige Pyramide. Sie symbolisieren die 37 buddhistischen Tugenden der Erleuchtung; ihre Spitzen zieren birmanische Schirme *(hiti)*. Die Mönche öffnen auf Nachfrage hin den Zugang zum zentralen Treppenhaus, wo eine Wendeltreppe die einzelnen Stockwerke verbindet. Das oberste ist als Mondhop gestaltet, dessen Schrein eine Reliquie des Buddha bewahren soll. Von der obersten Plattform bietet sich ein schöner Blick auf den Golden Mount.

Bot

Der von zwei Viharns flankierte Bot des Wat Ratchanatda ist wesentlich traditioneller gestaltet als der Metallpalast. Rechteckige Säulen stüt-

Info

Wat Ratchanatda
- Thanon Ratchadamnoen Klang, Ecke Thanon Maha Chai | Rattanakosin
Tel. 02 221 0903
Tgl. 9–17 Uhr
Eintritt frei, es wird jedoch eine Spende von ca. 20 Baht erwartet

Zwischenstopp: Streetfood

Thip Samai ❺ € [C3]

Auf den heißen Woks gelingt das klassische Nudelgericht *phat thai* unvergleichlich gut. Tgl. 17–3 Uhr.

• 313 Th Maha Chai | Rattanakosin
  Tel. 02 221 6280

Jae Fai ❻ € [C3]

Gleich nebenan wird eine wahrhaft himmlische *tom yam gung* zubereitet. Tgl. außer Sa 15–2 Uhr.

• 327 Th Maha Chai | Rattanakosin
  Tel. 02 223 9384

Thanon Bamrung Muang 🔟 [C3]

Wenn man der Thanon Maha Chai nach Süden folgt, passiert man zunächst den bescheidenen **Wat Thepthidaram,** bevor man nach wenigen Minuten die zum Wat Suthat führende Thanon Bamrung Muang erreicht. Ursprünglich war sie ein zum Großen Palast führender Elefantenpfad und vor 100 Jahren eine der ersten gepflasterten Straßen Bangkoks. In den zahlreichen Geschäften decken sich gläubige Buddhisten mit vergoldeten Statuen des Erleuchteten, Abbildungen berühmter Mönche, Almosenschalen, Räucherstäbchen und anderem Tempelzubehör ein. **50 Dinge** ① › **S. 12.** In den von der Straße abzweigenden Gässchen findet man viele kleine Werkstätten, in denen die ganze Pracht hergestellt wird. Viele Mönche bewundern die Auslagen.

Giant Swing (Sao Ching Cha) 🔟 [C3]

Schon von Weitem zu erkennen sind die über 20 m hohen, leuchtend roten Pfeiler aus Teakholz mit verziertem Querbalken vor dem Tempel Wat Suthat. An ihnen hing einst die Große Schaukel, die man

Auf der Großen Schaukel riskierten bis 1935 wagemutige Männer Kopf und Kragen

Ein Wandelgang mit 156 Buddhastatuen umgrenzt den Viharn des Wat Suthat

SEITENBLICK

Shivas Schaukel

Drei Mannschaften mit jungen Brahmanen schwangen sich einst zu Ehren des Hindugottes Shiva mit der Schaukel Sao Ching Cha mindestens 25 m hoch in die Lüfte, um einen an einer separaten Bambusstange hängenden Beutel mit (nicht übermäßig wertvollem) Silbergeld mit den Zähnen zu erhaschen. Nach zahlreichen tödlichen Unfällen verbot König Rama VII. 1935 das Ritual. Zurückzuführen ist es auf eine brahmanische Legende. Danach wurde Shiva und seiner Gemahlin Uma das Schaukeln im Himmel verboten, da es katastrophale Überschwemmungen auslöste. Daraufhin verlangte Shiva, die Tri Yampawai genannte Zeremonie auf die Erde zu verlegen, um dort mit gemäßigteren Regenfällen für eine reiche Ernte zu sorgen.

für zweitägige Wettbewerbe zu Ehren des Hindugottes Shiva nutzte › Seitenblick links. Die erste Version dieses Stadtwahrzeichens wurde bereits zwei Jahre nach der Gründung Bangkoks errichtet, die heutige (bei der die eigentliche Schaukel fehlt) wurde 2008 in der Nähe ihres ursprünglichen Standorts auf einer Verkehrsinsel der Thanon Bamrung Muang aufgestellt.

Wat Suthat 21 ⭐ 6 [C3]

Der ab 1807 im schönsten Rattanakosin-Stil errichtete Tempel (auch Wat Phra Yai genannt) an der Südseite des Platzes der Großen Schaukel (Sao Ching Chah) ist ein Symbol des religiösen Synkretismus zwischen Hinduismus und Buddhismus. Ursprünglich war er dem Hindugott Indra geweiht, der über dem Hauptportal auf seinem dreiköpfigen Elefanten Erawan reitend abgebildet ist. In besonders schönem Licht erstrahlt die Anlage am späten Nachmittag.

Steinpagoden im Vorhof

Im Vorhof des Wat Suthat stehen rund um die innere Mauer um den Viharn 28 sechseckige Steinpagoden im chinesischen Stil mit kleinen fensterartigen Öffnungen für jeweils eine Laterne. Ihre Anzahl nimmt Bezug auf die 28 Paccekabuddhas, die Thema der Wandmalereien im Viharn sind. Bei den Paccekabuddhas handelt es sich um Einzelerleuchtete, die ohne jede Unterweisung die Erkenntnis ganz aus sich selbst heraus erlangt haben. Es fehlt ihnen jedoch die Fähigkeit, sie an andere weiterzugeben.

Wandelgang

Die 156 vergoldeten Buddhafiguren des überdachten Wandelgangs um den Viharn sind wie die Steinpagoden Geschenke reicher Chinesen. Die Statuen sitzen auf einem Sockel mit Gold- und Spiegelmosaikverzierung. Auf die Wand hinter den Statuen sind fallende Magnolienblüten gemalt: himmlische Blumen, die auf den Buddha herabregneten, als er seine Erleuchtung erfuhr.

Viharn

Der riesige Viharn zeigt grandiose Holzschnitzarbeiten. Die Teakholzportale sollen der Überlieferung nach von Rama II. persönlich mit Schnitzwerk verziert worden sein. Anschließend soll der König die Werkzeuge vernichtet haben, damit niemand mehr in der Lage sein

werde, Vergleichbares zu schaffen. Im Inneren thront der 8 m hohe, vergoldete Bronzebuddha **Phra Sri Sakyamuni** (1361), eines der berühmtesten Relikte der Sukhothai-Periode. Die hochverehrte Statue stammt aus dem Wat Mahathat in Sukhothai und zeigt die Geste der Erdanrufung. 1808 ließ Rama I. die Figur flussabwärts verschiffen und legte beim Ausladen selbst Hand an. Die herrlichen Wandmalereien illustrieren die Geschichten der 28 Paccekabuddhas › links. Sie wurden Ende der 1980er-Jahre mit finanzieller Unterstützung der Bundesrepublik Deutschland restauriert.

Bot

Der besonders schöne Bot besitzt ein vierfach gestaffeltes Dach, das von 68 Säulen gestützt wird, und prachtvoll geschnitzte Giebel. An der Ostseite fährt Phra Athit, die Sonne, in einem von Rajasi-Löwen gezogenen goldenen Prunkwagen. Der westliche Giebel zeigt Phra Chan, den Mond. Sein Prunkwagen

Himaphanta-Wandmalereien im Bot

wird von Pferden gezogen. Die acht Eingänge zum Bot bewachen jeweils zwei westliche Steinsoldaten. Der Innenraum birgt einen großen goldenen Buddha, **Phra Phuttha Tri Lokachet**. Vor der Statue sitzt eine weitere kleinere Statue, umringt von 80 Schülern des Buddha. Die Wände des Bot sind vollständig mit Fresken

ausgemalt, 🔲 besonders schön ist die Darstellung des Himaphanta › **Abb. S. 101**, eines Waldgebiets mit vielen Fabeltieren aus der thailändischen Kosmologie Traiphum Phra Ruang. Es liegt an den Hängen des Weltenberges Meru.

Info

Wat Suthat
- Thanon Bamrung Muang | Rattanakosin
  Tel. 02 221 4331
  Tgl. 9–17 Uhr
  Eintritt frei, es wird jedoch eine Spende von ca. 20 Baht erwartet

> **! Erst-**
> **klassig**

Die beeindruckendsten Tempelanlagen

....

- Die architektonische Märchenlandschaft des **Wat Phra Kaeo** mit dem berühmten Smaragdbuddha ist Bangkoks meistbesuchte Attraktion › **S. 72**.
- Millionen bunter chinesischer Porzellanscherben verleihen dem mächtigen Prang des **Wat Arun** einen magischen Glanz › **S. 84**.
- Im **Wat Pho** kündet der monumentale Liegende Buddha von der Süße des Nirwana › **S. 86**.
- Wie eine Fata Morgana scheint der abends illuminierte goldene Chedi des **Golden Mount** über der Stadt zu schweben › **S. 96**.
- Der von 37 Türmchen gekrönte **Loha Prasat** des Wat Ratchanatda erinnert an eine überdimensionale Hochzeitstorte › **S. 97**.
- Im **Wat Suthat** schildern erlesene Fresken Szenen aus der thailändischen Kosmologie › **S. 100**.
- Der massive Goldbuddha in Chinatowns **Wat Traimit** ist das wertvollste religiöse Kunstwerk der Welt › **S. 122**.

Devasathan 🟧22 [C3]

Einige Meter nordwestlich der großen Schaukel findet man an der Thanon Dinso einen recht unscheinbaren, Besuchern verschlossenen Brahmanentempel. Durch das geöffnete Tor der Mauer blickt man auf einen vor dem Tempel aufgestellten, mit einem Mosaik aus bunten Spiegeln überzogenen und mit gelben Blumenkränzen geschmückten Pavillon im Thai-Stil. Er beschirmt eine goldfarbene Statue des vierköpfigen Hindugottes Brahma. Sie erinnert an die Statue des Erawan-Schreins › **S. 135**. In der Grünanlage sind weitere kleine Schreine für Vishnu, Shiva, Ganesha und den Kriegsgott Skanda aufgestellt.

San Chao Poh
Seua 🟧23 [B3]

Um den 1834 errichteten chinesischen »Tempel von Vater Tiger« an der Ecke Thanon Tanao und Thanon Bunsiri rankt sich eine in zahlreichen Varianten erzählte Legende um einen Tiger. Er soll den einzigen Sohn einer Witwe gefressen, später aber seine Tat bereut und die alte Frau versorgt haben. Eigentlich ist der Schrein aber dem glücksbringenden kriegerischen Gott der nördlichen Sterne Xuan Tian Shang Ti geweiht, der auf einem mit Seidenbrokat umhüllten Altar thront. In seiner rechten Hand hält er ein Schwert, sein rechter Fuß ruht auf einer Schlange, der linke auf einer schwarzen Schildkröte. Seine Diener sind Tiger, zwei von ihnen bewachen den Eingang.

Der vom Duft unzähliger Räucherstäbchen erfüllte taoistische Schrein wird besonders von Siam-Chinesen aufgesucht, doch auch Buddhisten legen hier Opfergaben nieder, neben Blumen und Früchten bunt bemalte Eier, Reis und Schweinefleisch. Paare, die um Fruchtbarkeit bitten, offerieren kleine Tigerfiguren aus Zucker. Auch die Zukunft kann man sich hier voraussagen lassen, was man in Thailand gern mit dem Kauf von Lotterielosen verbindet. **50 Dinge** ⑥ › **S. 12.** An chinesischen Festtagen führt man am Tempel Opern und Puppenspiele auf. So richtig rundgehen wird es hier 2022, im nächsten Jahr des Tigers (tgl. 6–17 Uhr, während des Vegetarierfests bis 21 Uhr).

Zwischenstopp: Streetfood

Shophouses aus dem 19. Jh. säumen die zur Thanon Ratchadamnoen Klang führende Straße **Thanon Tanao.** Hier und in den Seitenstraßen **Phraeng Nara** und **Phraeng Phutorn** (etwas südlich des San Chao Poh Seua) servieren viele Läden traditionelle Thai-Küche, die meisten schon seit mehreren Generationen.

Essensstände vor dem San Chao Poh Seua: Auch die Götter bekommen etwas ab

Khanom buang erinnern an Tacos, werden aber aus Reismehl hergestellt

Chote Chitr ❼ € [B3]

Von der »New York Times« in Grund und Boden gelobtes Minilokal, verblüffend unfreundlich, aber die knusprigen Nudelgerichte sind trotzdem vorzüglich. Mo–Sa 11–15 Uhr (öfters geschl.).
• 146 Th Phraeng Phutorn | Rattanakosin

Korpanich ❽ € [B3]

Seit 1932 bereitet diese Familie den leckersten Klebreis mit Kokossoße und Mango Bangkoks zu. Die Mango kann man auch beim Händler vor der Türe kaufen, besonders saftig und süß ist die Variante *oak wrong*. Beste Mangozeit ist Juni bis Dez. Mo–Sa 6.30–19.30 Uhr.
• 431–433 Th Tanao | Rattanakosin
  Tel. 02 221 3554

Natthapon Coconut Icecream ❾ € [B3]

Traumhaft gutes Kokossorbet und Mangoeis. Tgl. 9–17 Uhr.
• 94 Th Phraeng Phutorn | Rattanakosin

Phraeng Nara ❿ € [B3]

In diesem kleinen Laden gibt es besonders leckere *khanom buang*, knusprige, an Tacos erinnernde Pfannkuchen, deren Rezept portugiesische Ursprünge hat. Die süße Version wird mit einer dünnen Schicht aus Pandanpudding bestrichen und mit Kokosraspeln, Kaki- oder Kürbisfüllung serviert. Die pikante Version enthält Shrimps, Ei und Koriander. Mo–Sa 10–18 Uhr.
• Thanon Phraeng Nara, Nähe
  Thanon Tanao | Rattanakosin
  Tel. 02 222 8500

Udom Pochana ⓫ € [B3]

Seit über 70 Jahren gibt es hier chinesische Gerichte, besonders lecker ist das gegrillte rote Schweinefleisch. Mo–Sa 7.30–15.30 Uhr.
• 78 Th Phraeng Phutorn | Rattanakosin

Bangkoks erste Adresse für Backpacker ist die inzwischen legendäre Khao San Road

BANGLAMPHU UND DUSIT

Kleine Inspiration

- **Auf der Thanon Phra Athit dem Flussufer folgen** und die charmante Bohème-Atmosphäre genießen › S.107
- **Auf den Spuren Leonardo DiCaprios wandeln** bei einem Kneipenbummel durch die Khao San Road › S. 108
- **Uralte Schildkröten füttern,** die an den Tempelteichen des Wat Bowonniwet in der Sonne dösen › S. 109
- **Im Vimanmek Palace historische Fotos betrachten** und dabei König Chulalongkorn als Familienmenschen kennenlernen › S. 114
- **Prachtgewänder für Dickhäuter bewundern** im Royal Elephant National Museum › S. 114

Banglamphu ist für Traveller aus aller Welt die erste Station einer Rucksacktour durch Südostasien. Eine weit weniger grelle Synthese zwischen Europa und Asien bietet das vornehme Palastviertel Dusit.

Bis in die 1970er-Jahre war Banglamphu vor allem das Viertel der Stoffhändler und Schneider. Dann richtete man in den Shophouses der **Khao San Road** billige und zunächst sehr spartanische Unterkünfte für Backpacker ein. Immer mehr Gästehäuser, Restaurants, Bars und Läden für Traveller folgten. So gut wie jeder Südostasienreisende kam und kommt irgendwann mal in die »Khao«, die längst schicker, dabei aber nicht unbedingt schöner geworden ist. An beiden Enden der Straße sorgen zwei sehenswerte Tempel für Kontraste.

Kultivierter geht es in der dem Flussufer folgenden **Thanon Phra Athit** zu. In den kleinen Restaurants und Cafés trifft man viele Studenten. Rund um die **Thanon Samsen** nördlich des Kanals ist das nächste In-Viertel entstanden.

Der königliche Boulevard **Thanon Ratchadamnoen Klang** und seine Verlängerung **Thanon Ratchadamnoen Nok** verbinden den Großen Palast in Rattanakosin mit den neueren Palästen des gepflegten Dusit-Parks östlich von Banglamphu. Sie zeugen von König Chulalongkorns Aufgeschlossenheit gegenüber europäischen Einflüssen. **Vimanmek Palace** sowie die **Thronhallen Ananta Samakhom** und **Abhisek Dusit** sind die bedeutendsten Königsbauten, doch auch in den kleineren Residenzen sind Abteilungen der Dusit-Museen untergebracht. Die Königsfamilie lebt im östlich angrenzenden Chitralada-Palast, der nicht besichtigt werden kann.

Das Phra Sumen Fort ist eine von 14 Festungen, die einst die Altstadtinsel schützten

Touren in Banglamphu und Dusit

Rund um die Khao San Road

Verlauf: Phra Sumen Fort › Pipit Banglamphu Museum › Thanon Phra Athit › National Gallery und Coin Museum › Wat Chana Songkhram › Khao San Road › Wat Bowonniwet

Karte: Seite 82
Dauer: ca. 4 Std.
Praktische Hinweise:
- Der Startpunkt befindet sich am Tha Phra Athit N13, den man mit dem Schnellboot des Chao Phraya Express erreicht.
- Die Tour startet man am besten am späten Nachmittag, denn abends sind Thanon Phra Athit und Khao San Road am interessantesten.
- Abends, wenn die Flussfähren nicht mehr verkehren, warten an der BTS-Station National Stadium oder an der MRT-Station Hualamphong Taxis auf Fahrgäste.

Tour-Start:
Phra Sumen Fort 24 [B2]
Südlich der Einmündung des Khlong Banglamphu in den Chao Phraya erhebt sich das sechseckige, blendend weiße, von einer zinnenbewehrten Mauer umgebene Phra Sumen Fort, ein Relikt der 1783 unter Rama I. angelegten Stadtmauer, die ursprünglich 14 Wachtürme zählte. Im angrenzenden **Santi Chai Prakan**

Park mit hübschem Pavillon kann man auf Bänken und Sitzterrassen den Ausblick auf den Fluss und akrobatische Breakdancer genießen (Thanon Phra Atit, tgl. 5–21 Uhr).

Pipit Banglamphu Museum 25 [B2]
Direkt östlich des Forts wurde 2014 in der ersten Druckereischule des Landes ein Heimatmuseum eröffnet, das mit viel Multimedia die Geschichte und Traditionen des Stadtviertels präsentiert. Nachbauten von Läden und Lokalen, u. a. einer Apotheke, einer Schuhmacherwerkstatt und eines Coffeeshops, lassen den Alltag vergangener Zeiten lebendig werden (Thanon Phra Sumen, Di–So 10–18 Uhr, 100 Baht).

Thanon Phra Athit 26 [B2]
Die parallel zum Fluss verlaufende Thanon Phra Athit zwischen dem gleichnamigen Pier und der Phra-Pinklao-Brücke hat sich mit ihren restaurierten Shophouses zu einem attraktiven Ausgehviertel mit coolen Cafés, Bars und Restaurants gemausert. Ihre Bohème-Atmosphäre wird von Studenten der nahen Thammasat-Universität und *farangs*, denen die Khao San Road zu trubelig ist, gleichermaßen geschätzt. Vom **Riverside Walkway** bietet sich ein guter Ausblick auf die Boote und Fähren des Chao Phraya. Er führt an zwei eleganten Herrenhäusern der vorletzten Jahrhundertwende vorbei. In einem residiert die

Bibliothek der United Nations' Food and Agriculture Organization (FAO), im anderen das Büro von UNICEF.

Zwischenstopp: Streetfood

Khun Dang Guay Jub Yuan ⑫ € [B2]
Die *guay jub* genannte Nudelsuppe vietnamesischer Herkunft mit Schweinefleisch und Ei kostet nicht einmal 50 Baht. Mo–Sa 11–21 Uhr.
• 68 Th Phra Athit | Banglamphu
  Tel. 085 246 0111

Roti-Mataba ⑬ € [B2]
Der Anblick täuscht: Hier gibt's seit vielen Jahren das beste Roti (gewürztes und gefülltes Fladenbrot) der Stadt, außerdem muslimische Currys wie *gaeng massaman*. Di–So 9–22 Uhr.
• 136 Th Phra Athit (gegenüber dem Phra Sumen Fort) | Banglamphu

National Gallery ㉗ [B2] und Coin Museum

Das in der ehemaligen Königlichen Münze untergebrachte Museum ist besonders wegen seiner oft hochkarätigen Wechselausstellungen einen Besuch wert. Die Dauerausstellung zeigt im Obergeschoss religiöse Kunst ab dem 17. Jh., im Erdgeschoss weniger fesselnde zeitgenössische Werke. Den halbabstrakten Gemälden, die König Bhumibol während seiner Studienzeit in Europa schuf, erweisen Thais natürlich die gebotene Reverenz (4 Th Chao Fa, Mi–So 9–16 Uhr, 200 Baht).

Der benachbarte Flachbau beherbergt das Münzmuseum des Finanzministeriums (Thanon Chakraphong, Di–So 10–18 Uhr, 100 Baht).

Wat Chana Songkhram ㉘ [B2]

Zwischen Khao San Road und Chao Phraya erhebt sich der mustergültig renovierte Tempel aus der Ayutthaya-Zeit (18. Jh.). Sein Hof dient als Secondhandmarkt. Nähere Betrachtung verdienen die kunstvoll verzierten Dachgiebel des Bot mit einem vergoldeten Relief, das Vishnu mit dem Göttervogel Garuda zeigt. Der Bot besitzt einen goldenen Buddha (Pose der Erdanrufung), der Innenraum war bei Redaktionsschluss eingerüstet.

Khao San Road ㉙ ★ [B2]

Flatterkleidchen und Schlabberhosen sind das Markenzeichen der Traveller aus aller Welt, die wie weiland Leonardo DiCaprio im Film »The Beach« (2000) durch diese Straße ziehen. Abends ab 17 Uhr, wenn sich die Khao San in eine Fußgängerzone verwandelt, mischen sich viele junge Thais unter die *farangs*. Veteranen der 1980er-Jahre beklagen allerdings die schleichende Gentrifizierung der nur 400 m langen Straße, deren Geschichte das **Khao San Museum** erzählt (201 Khao San Rd., tgl. 9–21 Uhr, Eintritt frei). **50 Dinge** ⑧ › S. 12. Boutiquehotels und Edelhostels mit Pool verdrängen die Billigquartiere; Restaurants, Bars, Geschäfte mit garantiert gefälschter Markenware, Tattooshops und Zöpfchenflechter werden immer teurer, die Trickbetrüger immer raffinierter. Längst hat die Szene auch die benachbarte **Soi Rambuttri** mit ihren Essensständen und kleinen Bars erobert.

Im Wat Bowonniwet verbrachten viele Mitglieder der Königsfamilie ihre Zeit als Mönch

Kenner weichen inzwischen auf die **Thanon Samsen** nördlich des Khlongs aus. Hier gibt es ruhige Gästehäuser und vorzügliche vegetarische Restaurants.

Zwischenstopp: Restaurant

Krua Apsorn ⑭ € [C1]

Fabelhaftes Seafood, besonders lecker sind die gebratenen Muscheln mit Basilikum *(hoi malangpad chaa)* und die Krebsgerichte. Mo–Sa 11–20 Uhr.

• 503–505 Th Samsen | Banglamphu
  Tel. 02 668 8788

Wat Bowonniwet ③⓪ [C2]

In diesem ab 1824 errichteten Tempel förderte Kronprinz Mongkut ab 1836 als Abt die Ideen der von ihm gegründeten Thammayut-Gemeinschaft, die einer orthodoxen Auslegung des Theravada-Buddhismus folgt. Auch spätere Könige verbrachten im Wat einige Monate als Mönche. Heute ist der Tempel Hauptsitz der buddhistischen Mahamakut-Universität und Sitz des Sangha Raja (Oberhaupt des buddhistischen Klerus in Thailand).

Im Bot beeindrucken der 4 m hohe Bronzebuddha **Phra Phuttha Chinnasee** aus Phitsanulok und dahinter die **Phra To** aus Phetchaburi. Die Wandmalereien hat der Künstler Khrua In Khong geschaffen, der als Erster die perspektivische Darstellung bei Tempelfresken in Siam anwendete. Sie schildern die Verfehlungen der Menschen und den positiven Einfluss des Buddhismus auf ihre Lebensweise. Andere zeigen Darstellungen europäischen Lebens, sogar Pferderennen und Schiffe mit Missionaren sind abgebildet. Hinter dem Bot erhebt sich ein 50 m hoher vergoldeter Chedi, von dem sich ein schöner Blick auf die chinesisch wirkenden Dächer des Viharn Keng bietet (248 Th Phra Sumen, tgl. 8–17 Uhr).

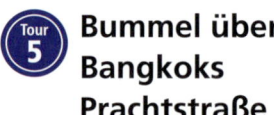

Bummel über Bangkoks Prachtstraße

Tour 5

Verlauf: Phra Mahakhan Fortress › Queen's Gallery › Rattanakosin Exhibition Hall › Democracy Monument › October 14 Memorial

Karte: Seite 82
Dauer: ca. 4 Std. (mit Museumsbesuchen)

Praktische Hinweise:
- Startpunkt ist der Tha Panfa Leelard, den man vom Siam Square oder der Thanon Sukhumvit mit dem Khlongboot (Golden Mount Line) erreicht. Die Tour endet am October 14 Memorial. Von hier ist der Sanam Luang › S. 70 ca. 15 Fußminuten entfernt.
- Am besten unternimmt man die Tour außerhalb der Rushhour, damit man die Chance hat, das Democracy Monument aus der Nähe zu betrachten. Ideal ist der frühe Nachmittag, dann bleibt genügend Zeit für Queen's Gallery (Mo geschl.) und Rattanakosin Exhibition Hall (Mi geschl.), und man kann am frühen Abend zur Khao San Road › Tour 4, S. 107 weiterziehen.

Tour-Start:

Die Thanon Ratchadamnoen Klang ist so etwas wie Bangkoks Champs-Élysées: eine Prozessionsstraße, mit der der 1897 von einer Europareise zurückgekehrte König Chulalongkorn den Großen Palast mit den neuen Palastgebäuden im Bezirk Dusit verband. Damals war die »königliche Straße« die breiteste Allee der Stadt, in der man erst vor etwa 40 Jahren begonnen hatte, die ersten echten Straßen zu bauen. Ratchadamnoen Klang und ihre Verlängerung Ratchadamnoen Nok bilden einen prunkvollen, breiten Boulevard vom Sanam Luang zur Ananta-Samakhom-Thronhalle, der von Regierungs- und Verwaltungsgebäuden sowie modernen Galerien und Denkmälern gesäumt ist.

Phra Mahakhan Fortress 31 [C3]

In unmittelbarer Nähe der Anlegestelle des Khlongboots erhebt sich diese weiß getünchte Festung. Sie ist eine von zwei erhaltenen Zitadellen, die einst die Stadtmauer bewachten. Das achteckige Fort ist allerdings weniger interessant als ein Bummel durch die kleine angrenzende **Phra Mahakhan Fortress Community** zwischen der renovierten Stadtmauer und dem Khlong Ong Ang. Diese »Dorfgemeinschaft« mit über 100 Jahre alten Holzhäusern wehrt sich seit Jahren erfolgreich gegen ihren Abriss und die Umwandlung in einen »Touristenpark«. Mit Schautafeln an den Straßen informieren die Bewohner über ihre Traditionen, etwa über die Zubereitung von Fischblasensuppe oder das Likay-Theater.

Queen's Gallery 32 [C3]

Ebenfalls nur wenige Schritte sind es vom Tha Panfa Leelard zum modernen Bau der Queen's Gallery, die unter der Schirmherrschaft der Königinwitwe Sirikit steht. In hellen, klimatisierten Räumen werden Gemälde, Skulpturen und Installationen zeitgenössischer einheimischer Künstler präsentiert, darunter auch Mitglieder der königlichen Familie. Das Café bietet sich für eine Erfrischungspause an, der Shop verkauft sehr schöne, sonst schwer aufzutreibende Kunstbücher und Geschenkartikel (101 Th Ratchadamnoen Klang, www.queengallery.org, Do–Di 10–19 Uhr, 30 Baht).

Rattanakosin Exhibition Hall 33 [C3]

Mit viel Multimedia-Brimborium stellt dieses moderne Museum im Rahmen obligatorischer zweistündiger Führungen die historische und kulturelle Entwicklung von Bangkoks ältestem Stadtviertel vor. Besonders interessant sind ein detailgetreues Modell des königlichen Palasts und mehrere Displays, die Einblicke in den höfischen Alltag geben. Für viele Besucher gilt allerdings die Aussichtsplattform im 4. Stock mit Café und Ausblick auf den benachbarten Loha Prasat als eigentliches Highlight (100 Th Ratchadamnoen Klang, Führungen alle 20 Min. Di–So 10–19 Uhr, letzte Tour 17 Uhr, 200 Baht).

Democracy Monument 34 [C3]

Einige Fußminuten westlich an der Thanon Ratchdamnoen Klang beherrscht das monumentale Denkmal für die Demokratie einen riesigen Kreisverkehr. Es erinnert an den Staatsstreich 1932 und das damit verbundene Ende der absoluten Monarchie. Wenig Erwähnung findet, dass zum Zeitpunkt seiner Errichtung Thailand eine waschechte Militärdiktatur war und das Denkmal zur Legitimation der damaligen Machthaber gedacht war.

Das Demokratiedenkmal stand schon mehrmals im Zentrum von Protesten gegen das Militär

1940 wurde es im zweifelhaften Stil der Zeit vollendet: Anklänge an die Ästhetik des faschistischen Italien sind nicht zu übersehen. Vier Flügel umgeben eine Kuppel, in der eine Kopie der thailändischen Verfassung eingemauert ist. Die propagandistischen Reliefs schuf der italienische Bildhauer Corrado Feroci alias Silpa Bhirasri. Nur Tollkühne werden allerdings den Versuch wagen, sie aus der Nähe zu betrachten, denn der tosende Verkehr ist für Fußgänger nicht zu überwinden. Inzwischen ist eine Untertunnelung der Ratchadamnoen im Gespräch, um den Zugang zu erleichtern.

Schon mehrfach war das Denkmal Schauplatz blutiger Auseinandersetzungen, zuletzt in der Nacht des 10. April 2010, als Regierungstruppen das Feuer auf Rothemden eröffneten. Wann immer die Thais für mehr Demokratie demonstrieren, versammeln sie sich hier. So hat das Denkmal inzwischen die Legitimation, die ihm zum Zeitpunkt seiner Errichtung fehlte.

October 14 Memorial 35 [B3]

An der Ecke Thanon Tanao und Thanon Ratchadamnoen Klang erinnert dieses kleine Amphitheater aus Granit mit einem eleganten Chedi für die Toten sowie Fotografien und Zeitungsausschnitten an die blutigen Auseinandersetzungen am 14. Oktober 1973. Über 200 000 Menschen, darunter besonders viele Studenten, hatten sich rund um das Democracy Monument versammelt, um gegen das seit 1963 andauernde autokratische Militärregime von Feldmarschall Thanom Kittikachorn und die Verhaftung politischer Aktivisten zu demonstrieren. Hunderte Protestierende wurden beim Einsatz von Panzern verletzt, über 70 kamen ums Leben. König Bhumibol verhinderte ein größeres Massaker, indem er die Tore des Chitralada-Palasts für die Fliehenden öffnete. Der König schickte Thanom und weitere Militärführer ins Exil; die Demokratie kehrte aber nur langsam zurück.

Dusit-Palastpark

Verlauf: **Wat Benjamabophit › Ananta Samakhom Throne Hall › Abhisek Dusit Throne Hall › Vimanmek Palace › Royal Elephant National Museum › Dusit Zoo**

Karte: Seite 115
Dauer: ca. 4 Std.
Praktische Hinweise:

- Den Startpunkt der Tour erreicht man am schnellsten mit dem Taxi vom Tha Thevet N15 des Chao Phraya Express (südlich der Rama VIII. Bridge) oder, ebenfalls mit dem Taxi, von der MRT-Station Hualamphong Railway aus.
- Tickets für den Wat Phra Kaeo › S. 72 gelten 7 Tage lang auch für alle Bauten und Museen des Dusit-Palastparks, mit Ausnahme der Ananta Samakhom Throne Hall.
- Für die königlichen Bauten gilt die gleiche strenge Kleiderordnung.

Der Wat Benjamabophit verschmilzt europäische und asiatische Bautraditionen

Tour-Start: **Wat Benjamabophit** 36 [D2]

Der 1899 von König Chulalongkorn (Rama V.) aus weißem Carrara-Marmor erbaute Tempel ist eine elegante Verschmelzung von buddhistischer und westlicher Sakralkunst. Gelungen ist sie dem italienischen Architekten Hercules Manfredi. Das dreistufige Dach setzt sich aus glasierten goldgelben chinesischen Ziegeln zusammen. Ein Hof der Anlage enthält eine beispielhafte Sammlung von 52 Buddhastatuen verschiedener Stile und Epochen. Am frühen Morgen nehmen Mönche vor dem Wat die Gaben der Gläubigen entgegen.

Die Vorhalle des Bot besitzt reich verzierte Giebel, die Vishnu auf einem Garuda sowie den dreiköpfigen Elefant Erawan und das Rad der Lehre abbilden. Den Haupteingang bewachen zwei Marmorlöwen im birmanischen Stil. Auf dem Hauptaltar thront eine Nachbildung der berühmten Buddhastatue aus dem Wat Mahathat von Phitsanulok. Ihr Sockel enthält die Asche von König Chulalongkorn. Die spitzbogigen Fenster erinnern an westliche Kirchen, zeigen aber Figuren des Buddhismus (Ecke Thanon Si Ayutthaya/Thanon Rama V., tgl. 9–18 Uhr).

Rama V. Memorial 37 [D1]

Auf dem Weg vom Marmortempel in den Dusit-Palastpark kommt man am Reiterstandbild des hochverehrten Königs Chulalongkorn (1868–1910) vorbei. Der bedeutendste Modernisierer Siams bewahrte sein Reich erfolgreich vor der europäischen Kolonisierung und schaffte Sklaverei und Frondienst ab (Thanon U Thong Nai).

Ananta Samakhom Throne Hall 38 ⭐ [D1]

Nördlich des Denkmals erhebt sich der 1907 unter König Chulalongkorn im Stil der Renaissance errichtete Kuppelbau aus italienischem Marmor. Für den Entwurf zeichneten Mario Tamagno und Annibale

Wie fasziniert König Rama V. von Europa war, zeigt die Ananta Samakhom Throne Hall (links)

Rigotti verantwortlich, Galileo Chini schuf die Deckengemälde der Kuppel, die Ereignisse aus der Geschichte der Chakri-Dynastie schildern. In der ehemaligen Thronhalle kann man – neben dem prunkvollen Thron – die Schöpfungen von Thailands besten Kunsthandwerkern bewundern, darunter den königlichen Pavillon Busabok, das Modell einer königlichen Barke, Lackarbeiten, geschnitzte Wächterfiguren, feinste Stickereien sowie kostbare Sänften und Elefantensättel (www.artsofthekingdom.com, Di–So 10–16 Uhr, 150 Baht).

Abhisek Dusit
Throne Hall 39 [D1]

In der 1903 im maurischen Stil erbauten Thronhalle sind unter der Schirmherrschaft des Königshauses entstandene kunsthandwerkliche Produkte zu sehen, darunter Mudmee-Seide, Niello-Schmuck und kunstvoll aus Lipao-Farn geflochtene Körbe und Handtaschen.

Vimanmek
Palace 40 ★ [D1]

Als größtes Teakbauwerk der Welt gilt der dreistöckige Palast mit 81 Zimmern, den König Chulalongkorn 1901 als Privatresidenz für sich und seine Großfamilie errichten ließ. Statt Nägeln wurden dabei ausschließlich Holzzapfen verwendet. Die Räume sind liebevoll mit historischen Fotos, antiken Möbeln, Kunst- und Alltagsgegenständen aus königlichem Besitz eingerichtet. Im Garten werden tgl. um 10.30 und 14 Uhr klassische Thai-Tänze vorgeführt.

Royal Elephant
National Museum 41 [D1]

Das kleine, in den ehemaligen Ställen für die königlichen weißen Elefanten untergebrachte Museum zeigt Fotos und Kunstgegenstände, die von der hohen Verehrung für das Wappentier Siams zeugen, weiterhin die lebensgroße Skulptur eines weißen Elefanten, der in königliche Gewänder gehüllt ist.

Info

Dusit-Palastpark

• zw. Thanon U Thong Nai, Thanon Ratchawithi und Thanon Rama V. | Dusit
Tgl. 9.30–16 Uhr
Eintritt für alle Sehenswürdigkeiten im Palastpark (Abhisek Dusit Throne Hall, Vimanmek Palace, Royal Elephant Museum) 100 Baht, frei mit Ticket für den Wat Phra Kaeo

Dusit Zoo 42 [D1]

Unmittelbar östlich lädt der 1938 eröffnete Zoo besonders am späten Nachmittag zu einem Spaziergang ein. Er wurde als privater botanischer Garten für König Chulalongkorn angelegt. Auf dem 19 ha großen Areal kann man u. a. weiße Tiger und kleine Pandas sehen. Leider ist die Haltung wenig artgerecht. Im Restaurant am See werden Thai-Gerichte serviert (71 Th Rama V., www.dusitzoo.org, tgl. 8–18 Uhr, Erw. 150 Baht, Kinder 70 Baht).

Zwischenstopp: Restaurant

Likhit Kai Yang 15 € [C2]

Etwas östlich des Ratchadamnoen Stadium (großes gelbes Schild in roter Thai-Schrift über dem Eingang) serviert dieses traditionsreiche Restaurant leckere Küche aus dem Norden, darunter scharf-saure Suppe, Krebscurry und gegrilltes Hühnchen. Tgl. 10–22 Uhr.

• 53/8 Th Phaniang
Pom Prap Sattru Phai
Tel. 02 281 3502

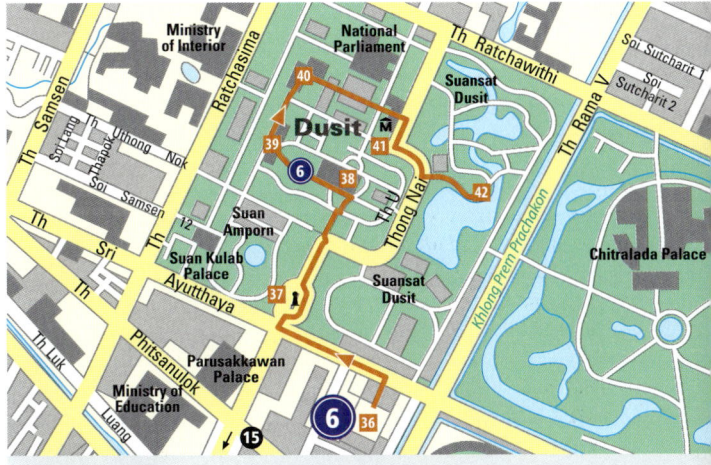

Tour in Dusit

Tour 6

Dusit-Palastpark

36 Wat Benjamabophit
37 Rama V. Memorial

30 Ananta Samakhom Throne Hall
39 Abhisek Dusit Throne Hall
40 Vimanmek Palace
41 Royal Elephant National Museum
42 Dusit Zoo

CHINATOWN UND RIVERSIDE

Kleine Inspiration

- **Seidenstoffe in allen Regenbogenfarben bewundern** auf dem Markt der indischen Enklave Pahurat › S. 118
- **Lieben Verstorbenen Jenseitsgrüße senden,** indem man im Wat Mangkon Kamalawat etwas Papiergeld verbrennt › S.120
- **Nach originellen Design-Mitbringseln stöbern** im Shop des neu eröffneten Thailand Creative & Design Center › S. 124
- **Die feinsten Dim Sum Bangkoks verspeisen** auf der Flussterrasse des legendären Mandarin Oriental › S. 125
- **Den Blick auf das Lichtermeer der Stadt genießen** bei einem Sundowner in der Sky Bar auf dem State Tower › S. 126

Die Gassen von Chinatown verführen zum ziellosen Bummeln. Südlich am Flussufer künden noch einige vornehme historische Bauten von der glanzvollen Vergangenheit des einstigen Europäerviertels.

In den Straßen und Gassen zwischen Thanon Yaowarat, Sampeng Lane und Thanon Charoen Krung ist der chinesische Einfluss allgegenwärtig. Rote Lampions und Neonreklamen mit chinesischen Zeichen lassen die fernöstliche Herkunft der Bewohner erkennen. Die Läden verkaufen chinesische Arzneien, in den Porzellangeschäften drängen sich chinesische Kaiserfiguren und dicke lachende Buddhas, und in zahllosen Goldläden wird um jedes Karat gefeilscht. In schattigen Tempelhöfen spielen betagte Männer Schach oder Mah-Jongg. Kulturelle Highlights sind der berühmte Goldene Buddha im **Wat Traimit** und der chinesisch-buddhistische Tempel **Wat Mangkon Kamalawat**.

Westlich von Chinatown liegt die kleine indische Enklave **Pahurat**, ein Mekka der Stoffhändler, Schneider und Gewürzhändler.

Das ehemalige Europäerviertel Old Farang, wegen seiner Lage am Flussufer auch Riverside genannt, gehört zum Stadtteil Bang Rak. Portugiesen, Engländer, Franzosen, ja sogar Dänen haben ihre architektonischen Spuren hinterlassen: zwei katholische Kirchen, Botschaftsgebäude, Handelsniederlassungen und das weltberühmte **Mandarin Oriental**. Auf einer Bootsfahrt mit dem Chao Phraya Express wird allerdings deutlich, dass längst die modernen Glasfassaden der Bürohochhäuser, Luxushotels und Einkaufszentren das Flussufer beherrschen.

Oben: Im Wat Mangkon Kamalawat pflegen Gläubige den Kontakt mit ihren Ahnen
Links: Die Thanon Yaowarat ist die Lebensader von Chinatown

Touren in Chinatown und Riverside

Tour 7: Straßenmärkte und Garküchen

Verlauf: Memorial Bridge › Pak Khlong Talat › Pahurat › Gurdwara Siri Guru Singh Sabha › Sampeng Lane › Wat Chakrawat › Wat Mangkon Kamalawat › Charoen Chai Community › Wat Traimit › Hualamphong Train Station

Karte: Seite 120
Dauer: ca. 6 Std.
Praktische Hinweise:
• Der Startpunkt befindet sich am Tha Memorial Bridge N5, den man mit dem Schnellboot des Chao Phraya Express erreicht. Die Tour endet am Hauptbahnhof mit MRT-Station.
• Am besten startet man morgens, dann ist in den kleinen Gassen am meisten los. Die Thanon Yaowarat eignet sich auch gut für einen abendlichen Bummel.

Tour-Start: Memorial Bridge **1** [B4]

Erst seit 1932 verbindet eine Brücke den Vorort Thonburi mit Bangkok. Ihr englischer Name erinnert an den 150. Jahrestag der Gründung Bangkoks, ihr Thai-Name Phra Buddha Yodfa an den offiziellen Titel von König Rama I., dessen Bronzestatue vor der östlichen Brückeneinfahrt steht. Für den Bau verantwortlich zeichnete das englische Ingenieursbüro Dorman Long, das auch die Sydney Harbour Bridge plante. Der mittlere Abschnitt der 234 m langen dreiteiligen Stahlkonstruktion konnte ursprünglich hochgeklappt werden, um auch größeren Schiffen Durchfahrt zu gewähren. Inzwischen führt unmittelbar neben der Memorial Bridge auch die zweispurige Betonbrücke Saphan Phra Pokklao über den Fluss.

Pak Khlong Talat **2** [B4]

Unweit der Doppelbrücke befand sich früher der städtische Großmarkt, dessen Halle heute als Blumengroßmarkt dient. Hier werden vor allem Millionen von Schnittblumen und Blütengirlanden angeboten. Ab Mitternacht kann man die frischesten Orchideen Bangkoks zu Dumpingpreisen erwerben.

Die unzähligen kleinen Blumenhändler, die ihre farbenfrohe duftende Ware auf den Gehsteigen anboten, wurden leider vor Kurzem vertrieben. Damit ist viel Flair verloren gegangen. Der Nachtmarkt Saphan Phut an der Memorial Bridge, der Bangkoks Teens mit preiswerter Mode versorgte, musste sogar ganz weichen. Die Behörden setzen stattdessen auf moderne Einkaufszentren am Flussufer.

Pahurat **3** ⭐ [B/C4]

Auf der Thanon Thri Phet erreicht man nach wenigen Minuten das indische Viertel Pahurat, in dem überwiegend Sikhs und Hindus aus dem Nordwesten Indiens leben.

Blumen in allen Farbschattierungen sorgen auf dem Pak Khlong Talat für reizvolle Fotomotive

Viele von ihnen verdienen ihren Unterhalt als Textilhändler und Schneider. Im überdachten labyrinthischen **Pahurat Market** findet man preiswerte Seidenstoffe (leider auch viele Imitationen), Schmuck, exotische Gewürze und Bollywood-Filme, dazu eine Reihe Restaurants und Garküchen, die authentische indische Currys und Tandoori-Gerichte servieren. Hochwertige handgefärbte Seide erwirbt man besser im **Old Siam Plaza** an der Nordseite der Thanon Pahurat – das kolonial wirkende fünfstöckige Einkaufszentrum bietet eine beeindruckende Auswahl. Eine Näherin oder Schneiderin ist stets bei der Hand.

Zwischenstopp: Streetfood

Samosa ❶ € [C4]
In einer kleinen Soi links vom Eingang zum India Emporium findet man diesen Stand, an dem man unbedingt *samosas* (gefüllte Teigtaschen) und *tikki* (scharf gewürzte Krabbenkuchen) probieren sollte. Mo–Sa 9–18.30, So 10–18.30 Uhr.

Gurdwara Siri Guru Singh Sabha ❹ [C4]

Unübersehbar ist die goldene Kuppel des 1933 gegründeten, ältesten Sikhtempels des Landes. Das von reichen Kaufleuten finanzierte marmorverkleidete Heiligtum wirkt aufgeräumt und kühl. Arme Menschen bekommen hier nicht nur morgens eine kostenlose warme Mahlzeit *(prasada),* sondern können sich auch in der Tempelklinik gratis behandeln lassen. An Feiertagen der Sikhs kann man an einem *langar* genannten Gemeinschaftsessen teilnehmen. Westliche Tempelbesucher sind willkommen und bekommen das erforderliche orangefarbene Kopftuch ausgeliehen (Thanon Chakrapheth, Eingang im Gässchen neben dem India Emporium, tgl. 10–18 Uhr).

Sampeng Lane ❺ [C4]

Eine typisch chinesische Marktstraße ist die etwa 1 km lange, aber nur 4 bis 5 m breite Soi Wanit 1, besser bekannt als Sampeng Lane. Im Schneckentempo schiebt man sich hier vorbei an Handkarren, offenen Läden mit auf die Gasse hinausquellendem buntem Allerlei: Stoffballen, Pfannen und Töpfe, Blumen und Obst, aber auch unglaublich viele Plastikartikel aus China.

An der Ecke Thanon Mangkon liegen das Goldgeschäft **Tang To Kang** und gegenüber eine Filiale der **Bangkok Bank,** zwei besonders schöne Beispiele der klassischen Bangkoker Architektur des 19. Jhs. An der nächsten Ecke geht es links in die **Soi Itsaranuphap.** Auf dem Markt **Talat Kao** werden frische und getrocknete Fische feilgeboten und, wenn man der Straße folgt, die gesamte Palette asiatischer Lebensmittel.

Wat Chakrawat (Wat Sam Pluem) **6** [C4]

Der 1825 mit Chedi erbaute Königliche Tempel südlich der Sampeng Lane ist vor allem wegen der in einem schlammigen, sicher ummauerten Bassin lebenden drei großen Krokodile bemerkenswert. Die Thais beten hier vor einer Felswand, auf die der Schatten Buddhas gefallen sein soll. Die schwarze menschliche Silhouette bekleben Gläubige mit Goldblättchen (Thanon Chakrawat, tgl. 8–18 Uhr).

Wat Mangkon Kamalawat **7** ★ [C4]

Der auch unter dem älteren Namen Leng Noei Yi (»Drache-Lotus-Tempel«) bekannte, 1871 erbaute Wat ist der älteste, größte und bedeutendste chinesisch-buddhistische Tempel Bangkoks. In den Straßen ringsum verkaufen zahlreiche Händler lotusförmige Teigtaschen und Orangen als Opfergaben für die Schreine sowie symbolische Gebrauchsartikel aus gefaltetem Papier für die Ahnen. Diese Jenseitsgeschenke werden im vorderen Hof verbrannt, den man durch ein hohes rotes Tor betritt.

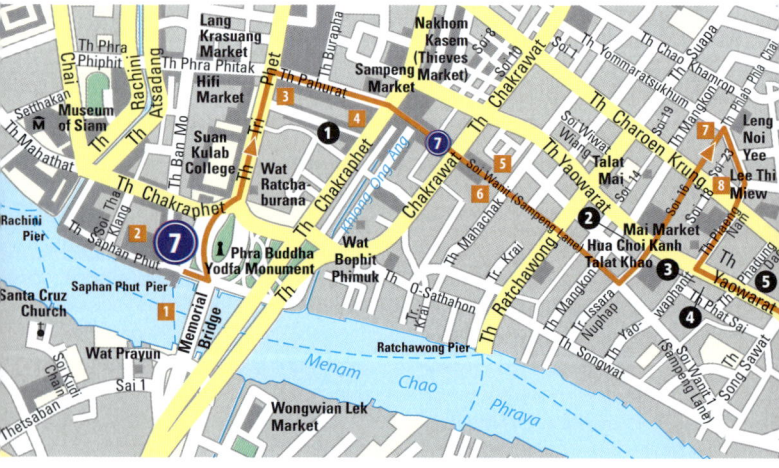

Der vom Duft unzähliger Räucherstäbchen geschwängerte Viharn, dessen Eingang vier bärtige Wächterfiguren schützen, zeigt traditionelle chinesische Architektur. Das Staffeldach besitzt geschwungene Giebel und Drachenverzierungen, der rot-goldene Innenraum ist prachtvoll mit buddhistischen, konfuzianischen und taoistischen Altären ausgestattet. Besonders viele Zeremonien finden während des chinesischen Neujahrsfests und während des Vegetarierfests statt. Abends wird in der Anlage häufig chinesisches Musiktheater aufgeführt (Ecke Thanon Charoen Krung/ Soi Issaraphap, tgl. 8–18 Uhr).

Charoen Chai Community 8 [D4]

Etwa 50 m östlich des Tempels kann man durch das schmale Gässchen von Charoen Chai mit seinen über 100 Jahre alten Shophouses spazieren. Seit Generationen leben die Einwohner hier von der Herstellung aller möglichen Waren aus kunstvoll gefaltetem Papier, die zusammen mit den Verstorbenen verbrannt werden. So sind diese im Jenseits mit allem versorgt, was ihnen im Leben lieb und teuer war. Auch kunstvoll verzierte Zettel mit Segenssprüchen in chinesischer Schrift begleiten die Toten ins Jenseits. Wie lange die Gemeinde noch existieren wird, ist ungewiss, denn die Verlängerung der MRT mitten durch Chinatown wird enorme bauliche Veränderungen mit sich bringen. Die Investoren setzen auf moderne Apartmentblocks und Shoppingmalls (Nordseite der Thanon Charoen Krung Soi 23).

Zwischenstopp: Streetfood

Die **Yaowarat Road** ist ein Paradies für Garküchenfreunde. Knusprige und himmlisch zarte Schweinefleischhäppchen auf Reis mit süßer Soße *(khao moo grob)* serviert der Stand von **Nai Jui** 2 € [C4]

Tour in Chinatown

Tour 7

Straßenmärkte und Garküchen

1 Memorial Bridge
2 Pak Khlong Talat
3 Pahurat
4 Gurdwara Siri Guru Singh Sabha
5 Sampeng Lane
6 Wat Chakrawat (Wat Sam Pluem)
7 Wat Mangkon Kamalawat
8 Charoen Chai Community
9 Wat Traimit
10 Hualamphong Train Station

(auf der Straßenseite des Marktes Talat Kao, Di–So 8.30–1 Uhr). Auf der gleichen Straßenseite (vor dem Geschäft Seng Heng Lee Goldsmith) kann man die mit schwarzem Sesam gefüllten Teigtaschen in Ingwerbrühe *(bua loy nam khing)* von **Chujit** ❸ € [C4] probieren (tgl. 18.30–23.30 Uhr). Gleich nebenan locken die fabelhaften dünnen Eiernudeln auf Hongkong-Art mit Krabben, Shrimps und Huhn *(bamee hong kong)* von **Xie Shark Fin** ❹ € [C4] (Di–So 19–1 Uhr). Liebhaber von Reisnudeln mit Rindfleisch, Sojabohnensprossen, Calamari und Shiitake-Pilzen in Sojasoße *(guaythiew lod)* schwören auf den bescheidenen Straßenkarren von **Guaythiew Lod** ❺ € [D4] (vor dem Seiko-Schild, Di–So 18.30–1 Uhr).

Wat Traimit ❾ ⭐❽ [D4]

Im Mitte des 19. Jhs. erbauten »Tempel des goldenen Buddha« am Rande Chinatowns wurde 1955 beim Transport eine vermeintlich aus Zement gegossene Buddhastatue beschädigt. Unter dem Riss schimmerte pures Gold hervor. Die über 3 m hohe, 5,51 Tonnen schwere, massiv goldene Statue aus dem 14. Jh. zählt zu den größten buddhistischen Kunstschätzen Thailands. Ihr geschätzter Goldwert betrug 2017 über 200 Mio. Euro, was die Statue vom Sachwert her zum wertvollsten religiösen Objekt der Welt macht. Sie wurde wohl in Ayutthaya mit Stuck überzogen, um sie vor birmanischen Plünderern zu retten.

Im 1. Stock des neu gebauten dreistöckigen marmornen **Phra Maha Mondhop** mit Thai-Dach und goldener Spitze erzählt das multimediale **Yaowarat Chinatown Heritage Center** anschaulich von der Geschichte und Kultur der chinesischen Bevölkerung Bangkoks. So kann man das Leben an Bord einer chinesischen Dschunke und auf einem Markt in der Zeit Ramas III.

Der Goldene Buddha im Wat Traimit bringt über fünf Tonnen auf die Waage

nachvollziehen. Im Stockwerk darüber zeichnet eine **Ausstellung** die
bewegte Geschichte des **Goldenen
Buddha** nach, der selbst auf einem
Lotusaltar aus weißem Marmor in
der obersten Etage thront. Er zeigt
die meditative Pose der Erdanrufung und die grazile Eleganz der
Sukhothai-Kunst (Ecke Thanon
Charoen Krung/Thanon Traimit,
www.wattraimitr-withayaram.com,
Museen Di–So 8–17 Uhr, 100 Baht,
Wat tgl. geöffnet, 40 Baht).

Hualamphong Train Station 10 [D4]

Der Hauptbahnhof im Osten von
Chinatown wurde von 1910 bis
1916 vom Architektenduo Mario
Tamagno und Annibale Rigotti, das
zur gleichen Zeit mit der Ananta
Samakhom Throne Hall in Dusit
› **S. 113** beschäftigt war, im Stil der
italienischen Renaissance konzi-
piert und von holländischen Ingeni-
euren errichtet. Vorbilder waren die
Manchester Piccadilly Station und
der Bahnhof Torino Porta Nuova.
Das riesige Empfangsgebäude besitzt eine Dachkonstruktion aus
Stahl, die mit geschnitzten Kasset-
tendecken aus Teakholz verziert ist.
Anklänge an die modernistische
Kunstrichtung des holländischen
De Stijl, aus der sich das thailändische Art-déco entwickelte, zeigen
die Buntglasfenster und Oberlich-
ter. Nach der für 2018 vorgesehenen
Eröffnung des neuen Hauptbahnhof Bang Sue Central Station im
Norden Bangkoks soll das Empfangsgebäude als Museum genutzt
werden (Thanon Rong Mueang).

Europäerviertel Old Farang

Verlauf: Holy Rosary Church › Por-
tuguese Embassy › Bangkokian
Museum › Thailand Creative &
Design Center › Mandarin Oriental
› East Asiatic Company › Assump-
tion Cathedral › State Tower

Karte: Seite 124
Dauer: ca. 3 Std.
Praktische Hinweise:
• Der Startpunkt befindet sich am
Tha Si Phraya N3, den man mit
dem Chao Phraya Express erreicht.
Die Tour endet an der BTS-Station
Saphan Taksin (Central Pier).
• Den Spaziergang auf der verkehrs-
reichen Thanon Charoen Krung
zwischen der Holy Rosary Church
und der Portugiesischen Botschaft
vermeidet man mit einem kurzen
Fährhüpfer zwischen Tha Si Phraya
N3 und Tha Muang Khae N2.
• Man startet am besten am späteren
Nachmittag, um im Mandarin Ori-
ental stilvoll den Fünfuhrtee zu
nehmen und anschließend in der
Sky Bar des State Tower den Sonnenuntergang zu genießen.

Tour-Start: Holy Rosary Church 11 [D5]

Etwas nördlich des auf Antiquitäten, Kunst und Kunstgewerbe spe-
zialisierten Shoppingcenter **River
City** steht am Ufer des Chao Phraya
die neogotische Rosenkranzkirche.
Portugiesische Kaufleute, denen
König Rama I. hier ein Stück Land

überlassen hatte, errichteten 1786 kurz nach der Zerstörung von Ayutthaya die erste katholische Kirche. Das heutige Gebäude mit schlankem hohem Turm und biblische Szenen darstellenden Buntglasfenstern stammt von 1898. Das Gotteshaus wird überwiegend von vietnamesischen und kambodschanischen Katholiken genutzt (Soi Wanit 2, Thanon Yotha, tgl. 6–21 Uhr).

Portuguese Embassy 12 [D5]

Südlich des Luxushotels Royal Orchid Sheraton blieb auf dem Gartengelände der Portugiesischen Botschaft das alte portugiesische Handelsbüro erhalten, ein elegantes, ab 1860 errichtetes zweistöckiges Gebäude. Den Eingang zieren blau-weiße Fliesen aus Portugal (Soi 30, Thanon Charoen Krung).

Bangkokian Museum 13 [D5]

Noch heute säumen einige traditionelle Häuser sowie auf den Großhandel ausgerichtete Silber- und Antiquitätengeschäfte, Banken und Botschaften die von Chinatown ins einstige Europäerviertel führende Thanon Charoen Krung. Einen Eindruck von der Wohnkultur in der ersten Hälfte des 20. Jhs. gibt dieses etwas abseits gelegene **!** charmante kleine Museum, ein Ensemble von drei Holzhäusern, in das sich nur selten Touristen verirren (273 Soi 43, Thanon Charoen Krung, Mi–So 10–16 Uhr, Eintritt frei).

Thailand Creative & Design Center 14 ⭐ [D5/6]

Etwas weiter südlich steht an der Thanon Charoen Krung das große Hauptpostamt von 1940, ein Art-déco-Bau, dessen Fassade von zwei

Tour in Riverside

Tour 8

Europäerviertel Old Farang

11 Holy Rosary Church
12 Portuguese Embassy
13 Bangkokian Museum
14 Thailand Creative & Design Center
15 Old Customs House
16 Mandarin Oriental
17 East Asiatic Company
18 Assumption Cathedral
19 State Tower

Garudas dominiert wird. Hier fand 2017 das Thailand Creative & Design Center (TCDC) eine neue Heimat, ein Komplex mit Ausstellungsräumen, Hörsälen, Werkstätten und Bibliothek. Der TCDC-Shop ist eine Fundgrube für originelle Souvenirs (1160 Th Charoen Krung, www.tcdc.or.th, Di–So 10.30–21 Uhr).

Old Customs House 15 [D6]

Was aus dem ehemaligen Zollhaus mit seiner grandiosen neoklassizistischen Flussfassade werden soll, ist dagegen noch nicht geklärt – Hoteliers schrecken vor den hohen Renovierungskosten für das 1890 erbaute, langsam verfallende Gebäude zurück. Derzeit beherbergt es noch eine Feuerwache und die Familien der Feuerwehrleute. Auch als Kulisse für Filme, die in Südostasien spielen (u. a. »The Killing Fields«), wird es gern genutzt (Soi 34, Th Charoen Krung).

Mandarin Oriental 16 ⭐ [D6]

Die Glasfassade des modernen, 16-stöckigen Hotelturms lässt es nicht vermuten: Ein alter Trakt des 1876 eröffneten legendären Oriental, in dem illustre Schriftsteller wie Joseph Conrad, W. Somerset Maugham und Graham Greene abstiegen, existiert noch heute. Im Author's Wing hat sich nur wenig verändert. Man muss hier nicht nächtigen, sollte aber am Nachmittag einen englischen High Tea mit kleinen Sandwiches und Scones genießen oder auf der Riverside Terrace mit Blick auf den Fluss einen Cocktail schlürfen › **S. 48**.

East Asiatic Company 17 [D6]

Die weiße Fassade des eleganten Verwaltungsgebäudes der 1897 gegründeten dänischen Ostasiatischen Kompanie (Østasiatiske Kompagni), in der die Andersen & Co. des Orien-

Auf der Riverside Terrace des Mandarin Oriental speist man mit Blick auf den Chao Phraya

Eine goldene Kuppel mit Aussichtsplattform krönt den State Tower

tal-Besitzers Hans Niels Andersen eingegliedert wurde, kennen Cineasten aus dem Film »Saigon« (1948). Errichtet wurde das Gebäude bis 1901 im Stil einer Palladio-Villa. Nur die schmale Oriental Lane trennt es

vom Mandarin Oriental. Über dem Haus weht der Dannebrog, die rotweiße Flagge von Dänemark.

Assumption Cathedral 18 [D6]

In unmittelbarer Nähe erhebt sich die neoromanische Mariä-Himmelfahrt-Kathedrale, die 1910 einen zu klein gewordenen Vorgängerbau ersetzte. Bunte Bleiglasfenster erhellen das Innere der Kirche, in dem mit Gold nicht gespart wurde. Papst Johannes Paul II. zelebrierte hier 1984 eine heilige Messe. Die von der Kirche unterhaltenen Schulen genießen einen guten Ruf (23 Oriental Lane, www.assumption-cathedral.com, tgl. 6–15 Uhr).

Zwischenstopp: Restaurant

Muslim Restaurant 6 € [D6]
Für seine raffiniert gewürzte Ochsenschwanzsuppe *(hang wua)* bekannt ist dieses kleine, freundliche Restaurant in der Nähe der Harun-Moschee. Auf der Karte stehen auch Biryanis, Currys und Samosas. Tgl. 6–17 Uhr.
• 1354–56 Soi 42, Th Charoen Krung

State Tower 19 [D6]

Über die Architektur des 2001 fertiggestellten, 247 m hohen und von einer 30 m hohen goldglänzenden Kuppel gekrönten State Tower (mit Lebua Hotel) mag man geteilter Meinung sein, doch die Aussicht vom Freiluftrestaurant Sirocco sowie der Sky Bar im 64. Stock ist kaum zu toppen › **S. 47.**

Insel der Besinnlichkeit im brandenden Verkehr: der Erawan-Schrein

DOWNTOWN

Kleine Inspiration

- **Vor dem Sri-Mariamman-Tempel in Stellung gehen** und das bunte Göttergewimmel am Torturm ablichten › S. 129
- **Die Kreditkarte strapazieren** beim Shoppen in den Malls rund um den Siam Square › S. 132
- **Einen Teakholzelefanten für Gott Brahma springen lassen,** der am verkehrsumtosten Erawan-Schrein verehrt wird › S. 135
- **Überraschenden Performances beiwohnen** im angesagten Thong Lor Art Space › S. 138
- **Sich durch die Küchen Südostasiens probieren** in den preiswerten Garküchen der Sukhumvit Soi 38 › S. 138

Hochhäuser, topmoderne Einkaufszentren, schicke Restaurants, Bars und Klubs sind die Attraktionen des modernen Bangkok. Traditionelle Kontraste setzen einige Residenzen der vorletzten Jahrhundertwende.

Mit ihren Parallelstraßen **Thanon Surawong** und der **Thanon Sathorn** bildet die **Thanon Silom** das von modernen Hochhäusern dominierte Geschäfts- und Bankenviertel der Stadt. In den Seitengassen blieben einige alte Villen und Ladenhäuser erhalten, aber auch ein faszinierender indischer Tempel ist hier zu besichtigen. Eine grüne Oase ist der Lumphini Park, nur einen Katzensprung von Bangkoks Rotlichtviertel Patpong entfernt.

Das eigentliche Zentrum von Downtown findet man rund um den **Siam Square.** In den vielen Einkaufzentren gehen die Thais shoppen; besonders am Samstag ist hier die Hölle los. Liebhaber traditioneller Wohnkultur besuchen das berühmte **Jim Thompson's House** und das **Suan Pakkad Palace Museum.** Ein grandioses Stadtpanorama bietet sich von der Aussichtsplattform des **Baiyoke II Tower.**

Sightseeing ist kaum der Grund, warum so viele Touristen die **Thanon Sukhumvit** ansteuern. Die Lower Sukhumvit, besonders rund um die BTS Nana, ist ein Tummelplatz der Sextouristen, Straßenhändler und weniger betuchter Party People, immer schicker wird es weiter südöstlich. Die nobelsten Restaurants, Klubs und Shoppingmalls findet man entlang der Upper Sukhumvit zwischen BTS Phrom Phong und Ekkamai.

Nur einige Stationen mit dem Skytrain entfernt lädt im Norden Bangkoks der berühmte **Chatuchak Weekend Market** zum hemmungslosen Shoppen ein.

Am Torturm des Sri-Mariamman-Tempels tummelt sich das gesamte hinduistische Pantheon

Touren durch Downtown

Silom und Sathorn

Verlauf: Sri-Mariamman-Tempel ›
M. R. Kukrit's Heritage Home ›
Maha Nakhon Tower › **Patpong** ›
Lumphini Park

Karte: Seite 130
Dauer: ca. 3 Std.
Praktische Hinweise:

- Startpunkt ist die BTS-Station Surasak (Exit 3). Die Tour endet nahe der BTS-Station Sala Daeng und der MRT-Station Silom.
- Wer nachmittags startet, kann sich anschließend ins Nachtleben von Patpong stürzen oder an der Sathorn in zwei noblen Restaurants mit Kolonialambiente dinieren.
- Der Bummel auf der Thanon Silom zwischen Maha Nakhon Tower (BTS Chong Nonsi) und Patpong (BTS Sala Daeng) lässt sich bequem mit dem Skytrain verkürzen.

Tour-Start: Sri-Mariamman-Tempel **1** [E6]

Beim Anblick des 1879 von Tamilen errichteten, farbenfrohen Hinduschreins der Shakti-Sekte glaubt man sich nach Südindien oder Sri Lanka versetzt. Knallbunte Götterskulpturen überziehen fast komplett den hohen Tempelturm *(gopuram)* und die Eingangstore. Hier wird die Urmutter und Gattin Shivas, Sri Mariamman, verehrt, umgeben von vielen anderen indischen Gottheiten, die auch in der Mythologie der buddhistischen Thai eine große Rolle spielen. Diese kennen das Heiligtum allerdings nur unter dem Namen Wat Khaek (»Tempel der Gäste« – so bezeichnen die Thais Menschen vom indischen Subkontinent). Buddha ist ebenfalls mit einer Statue vertreten. Im Innenhof bewahrt ein Schrein ein Shiva-Lingam. Für noch mehr indisches Flair sorgen die vielen Blumenverkäufer, Devotionalienhändler, Essensstände und Bettler rund um den Tempel. Besonders sehenswert ist dieses von vielen Indern bewohnte Viertel während der großen Hindufeste Thaipusam (Ende Jan./Anf. Febr.) und Navratril (Ende Sept./Anf. Okt.). Fotografieren ist im Innenraum verboten (Ecke Thanon Silom/Soi Pan, tgl. 6–20 Uhr).

M. R. Kukrit's Heritage Home **2** [F6]

Das Ensemble klassischer Teakholzhäuser bietet faszinierende Einblicke in die traditionelle Wohnkultur Thailands. Hier residierte einst Kukrit Pramoj (1911–1995), Literat, Künstler und beliebter Premierminister, der das Anwesen über 20 Jahre hinweg nach seinen Vorstellungen gestaltet hat. Nach seinem Tod wurde hier ein Museum eingerichtet. Der gepflegte Garten ist für seine Bonsaibäume bekannt. Da das Anwesen häufig für Events genutzt wird und dann geschlossen

Bangkoks grüne Lunge: der Lumphini Park

ist, sollte man besser anrufen, bevor man den 15-minütigen Abstecher von der Thanon Sathorn (BTS-Station Chong Nonsi) nach Süden unternimmt (Soi Phra Pinit, Thanon Suan Phlu, tgl. 10–16 Uhr, 50 Baht).

Zwischenstopp: Restaurants

The House on Sathorn ❶ €€€ [E6]
Der goldgelbe kleine Palast ist abends märchenhaft beleuchteter Treffpunkt der Feinschmecker. Im wunderschönen Innenhof genießt man asiatische Fusionsküche auf höchstem Niveau. Tgl. 12–17.30, 18–22.30, Bar 12–24 Uhr.
• 106 Th Sathorn Nua | Silom (Bang Rak)
 Tel. 02 344 4000
 www.thehouseonsathorn.com

Tour durch Downtown

Tour ⑨

Silom und Sathorn

1 Sri-Mariamman-Tempel
2 M. R. Kukrit's Heritage Home
3 Maha Nakhon Tower
4 Patpong
5 Lumphini Park

Blue Elephant ❷ €€–€€€ [E6]
In der ehemaligen chinesischen Handelskammer, mit Kochschule. Serviert wird Royal Thai Cuisine, bei der die Optik der Speisen eine wichtige Rolle spielt. Tgl. 11.30–14.30, 18–22.30 Uhr.
• 233 Th Sathorn Tai | Sathorn
 Tel. 02 673 9353
 www.blueelephant.com/bangkok

Maha Nakhon Tower ❸ [E6]

Am 2. September 2016 wurde Bangkoks vorläufig höchstes Gebäude (314 m) mit einer gigantischen Lightshow eingeweiht. Entworfen hat es der deutsche Architekt Ole Scheeren. **50 Dinge ㉖** › S. 15. In die 77 Stockwerke sollen ein Hotel, Restaurants, Bars, Apartments, Büros und Geschäfte einziehen, die

Lage an der Skytrain-Station Chong Nonsi ist ideal (114 Th Narathiwas, www.mahanakhon.com).

Patpong 4 [F5]

Die berühmten, unweit der Skytrain-Station Sala Daeng nördlich von der Thanon Silom abzweigenden neonblinkenden Gassen Patpong 1 und 2 locken die Massen an. Tagsüber lohnt der Besuch nicht, doch ab 17 Uhr konkurriert in Bangkoks Rotlichtviertel ein Nachtmarkt, der Markenpiraterie an die Touristen bringt, mit Dutzenden von Go-go-Bars und Liveshows. Im Parterre geht es eher harmlos zu, man sollte sich aber nicht in die dämmrigen Klubs im Obergeschoss lotsen lassen, wo wenige Showminuten absurder Vaginalakrobatik und ein paar

Bier schnell 2000 Baht kosten können. In den Bars der kleinen Patpong 4 treffen sich die Gays und *kathoeys,* während sich das Angebot in der Soi Thaniya an betuchte japanische Nachtschwärmer richtet.

Lumphini Park 5 [F/G5]

❗ Bangkoks größte Grünanlage mit hübschen Pavillons lohnt zu jeder Tageszeit einen Besuch. Schon kurz nach Sonnenaufgang praktizieren Frühaufsteher Yoga und Tai-Chi, mittags lässt man sich auf Reisstrohmatten zum Picknick nieder, nachmittags wird gejoggt, während abends eher Aerobic mit lautstarker Musik angesagt ist. **50 Dinge** ③ › **S. 12.** Auf einer Bühne finden Kulturveranstaltungen statt, und in der Sportanlage rechts neben dem

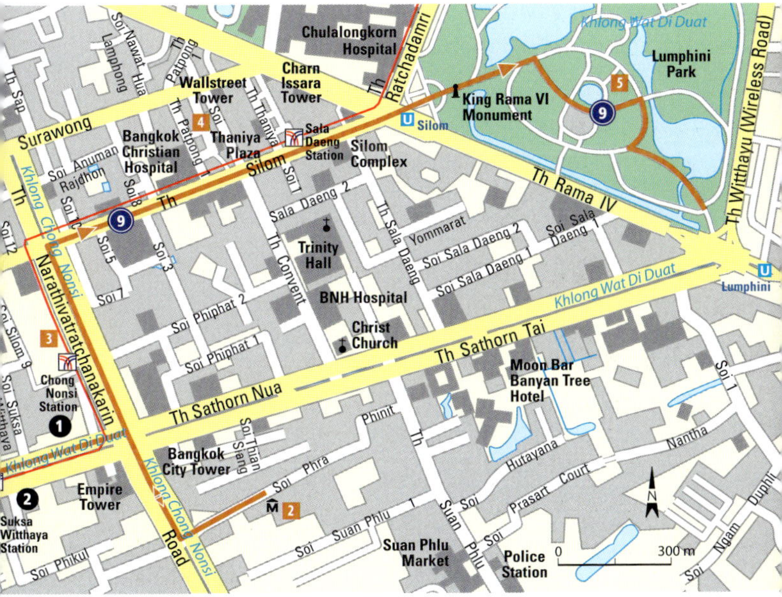

131

Haupteingang spielen am späteren Nachmittag Takraw-Teams. Auf einem künstlich angelegten See kann man Ruder- oder Tretboot fahren. Nach Einbruch der Dunkelheit wird der Park geschlossen. Dann tummeln sich in seiner Umgebung viele männliche und weibliche Prostituierte (Haupteingang Ecke Thanon Rama IV./Thanon Ratchadamri).

! Erst-
! klassig

Gratis entdecken

....

- Im **Lumphini Park** › S. 131 finden von Dezember bis Februar sonntags ab 17.30 Uhr kostenlose klassische Konzerte statt (www.bangkoksymphony.org).
- Auch bei den kostenlosen Muay-Thai-Kämpfen der **MBK Fight Night**, die jeden Mi ab 18 Uhr vor dem Mahboonkrong Shopping Center › S. 42 ausgetragen werden, wird nicht mit Hieben und Tritten gespart.
- Die **Kunstgalerien der Silpakorn University** › S.78 verlangen ebenso wenig Eintritt wie das **Bangkok Art and Cultural Centre (BACC)** › S. 133.
- Im **Bangkokian Museum** › S. 124 ist der Eintritt stets frei, im **Museum of Siam** › S. 91 jeweils ab 16 Uhr.
- Nur die bedeutendsten Tempel verlangen einige Baht Eintritt, die meisten heißen Besucher gratis willkommen. Im **Wat Mahathat** › S. 78 werden sogar kostenlose Meditationskurse angeboten.

Tour 10
Rund um den Siam Square

Verlauf: **Siam Square** › **Bangkok Art and Culture Centre** › **Jim Thompson's House** › **Suan Pakkad Palace Museum** › **Baiyoke II Tower** › **Erawan-Schrein**

Karte: Seite 134
Dauer: ca. 6 Std.
Praktische Hinweise:
- Startpunkt ist die BTS-Station Siam Central. Die Tour endet an der BTS-Station Chit Lom.
- Von hier kann man aber auf dem Skywalk in etwa 10 Min. zum Ausgangspunkt zurückkehren und die Aussicht auf den Trubel des modernen Bangkok und den Tempel Wat Pathum Wanaram genießen.

Tour-Start:
Siam Square 6 [F4]

Hoch oben auf der Ebene des Skytrain hat sich eine ganz eigene Welt entwickelt. Über einen Walkway geht es von der Station Siam Central direkt in die Einkaufszentren, z.B. ins Luxuskaufhaus **Siam Paragon** › S. 42. Hier gibt es alles, vom Edelstein bis zu extravaganten Leckereien (Food-Court im Erdgeschoss) – sogar eine Buchhandlung mit einer Auswahl an deutschen Büchern. Für Unterhaltung sorgen jede Menge Kinos, ein großes Theater, eine Bowlingbahn und der Vergnügungspark **KidZania**. Im Untergeschoss befindet sich **Sea Life Bangkok Ocean World** › Special S. 28.

Oase der Kunst und Tradition zwischen Wolkenkratzern: das Jim Thompson's House

Nur wenige Schritte weiter westlich kann man durch das renovierte **Siam Center** › S. 42 bummeln. Hier ist besonders die Mode einheimischer Designer interessant. Im **Siam Discovery** › S. 42 nebenan sind viele Boutiquen internationaler Modelabels untergebracht. Im 6. Stock zeigt das Wachsfigurenkabinett von **Madame Tussaud's** Promis aus aller Welt (www.madametussauds.com/bangkok, tgl. 10–21 Uhr, 850 Baht).

Bangkok Art and Culture Centre 7 [E4]

An der Westseite der Thanon Phaya Thai zeigt **!** das architektonisch an das New Yorker Guggenheim erinnernde Zentrum auf drei Stockwerken Kunst, Musik, Fotografie, Film und Theater der jungen Thai-Avantgarde (939 Th Rama I., direkter Zugang von der Skytrain-Station National Stadium, Exit 3, www.bacc.or.th, Di–So 10–21 Uhr, Eintritt frei, mit vorzüglichem Café).

Zwischenstopp: Garküchen

Bis spät in den Abend hinein bummeln die Thais durch das **Mahboonkrong Shopping Center,** kurz **MBK** genannt. In der **Food Hall** 3 € [E4] im obersten Stock ermöglichen Dutzende kleiner Garküchen eine kulinarische Reise durch Südostasien (www.mbk-center.co.th).

Jim Thompson's House 8 9 [E3]

Der Amerikaner Jim Thompson, 1967 während einer Malaysia-Reise in den Cameron-Bergen verschollen, machte sich in den 1950er-Jahren um den Aufbau der thailändischen Seidenindustrie verdient und gelangte dabei zu Wohlstand. 1959 ließ er sechs traditionelle Teakhäuser aus der Provinz nach Bangkok schaffen und dort an einem Khlong zu einer neuen Wohnanlage zusammensetzen. Heute wirken sie wie eine nostalgische Insel inmitten des umgebenden Beton-Brutalismus. Die Räume füllte Thompson mit

133

einer eindrucksvollen Sammlung südostasiatischer Kunst, darunter Bilder aus Thai-Seide, Benjarong-Keramik, chinesisches Porzellan und Buddhafiguren fast sämtlicher Epochen. Zauberhaft ist auch der üppige Tropengarten, und im Erdgeschoss gibt es ein charmantes Teehaus (6 Soi Kasemsan 2, Thanon Rama I., www.jimthompsonhouse.com, tgl. 9–18 Uhr, Besichtigung nur im Rahmen von Führungen, alle 20 Min., 150 Baht).

Suan Pakkad Palace Museum 9 ★10 [F3]

Das Ensemble traditioneller Teakhäuser inmitten eines reizenden Gartens hat seine ehemalige Bewohnerin Prinzessin Chumbhot, eine renommierte Kunstsammlerin, der Öffentlichkeit zugänglich gemacht. Haus 1 versammelt Khmer-Statuen. Im Empfangssaal sind alte Lacktruhen und Betelgefäße zu sehen, in Haus 3, das einen zauberhaften Blick auf den Garten bietet, be-

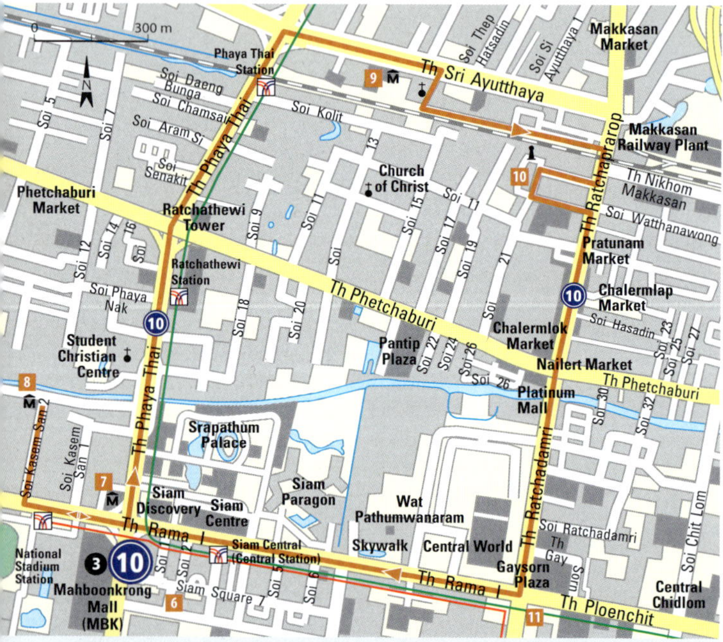

Tour durch Downtown

Tour 10

Rund um den Siam Square

6 Siam Square
7 Bangkok Art and Culture Centre
8 Jim Thompson's House
9 Suan Pakkad Palace Museum
10 Baiyoke II Tower
11 Erawan-Schrein

wundert man Gegenstände aus dem Besitz der königlichen Familie, darunter Tragsessel und Musikinstrumente. Die Wände zieren französische Bilder aus dem 17. Jh. mit Ansichten Siams. Haus 4 zeigt u. a. Masken des Khon-Theaters, während in den Häusern 5 und 6 Funde aus prähistorischer Zeit ausgestellt sind. Im hinteren Teil des Gartens steht der einzige gut erhaltene Pavillon aus der Ayutthaya-Epoche mit erlesenen Goldmalereien auf schwarzem Lack (Thanon Si Ayutthaya, www.suanpakkad.com, tgl. 9–16 Uhr, 100 Baht).

Der Bayoke II Tower ist von fast jedem Punkt in Bangkok gut zu sehen

Baiyoke II Tower 10 [F3]

Weiter östlich spaziert man durch Pratunam, wo ein Großteil des Textilhandels in Südostasien abgewickelt wird. Das lebhafte Stadtviertel beherrscht der Bayoke II Tower, mit 304 m bis zur Fertigstellung des Maha Nakhon Tower › S. 130 höchster Wolkenkratzer der Stadt. Von der Aussichtsplattform im 84. Stock präsentieren sich an klaren Tagen die Tempel der Altstadt im Morgenlicht am schönsten, abends erglühen die modernen Hochhäuser der Geschäftsviertel (222 Soi 3, Th Ratchaprarop, http://baiyokesky.baiyokehotel.com, tgl. 10–23 Uhr, bis 17 Uhr 350 Baht, danach 400 Baht inkl. Drink an der Bar im 83. Stock).

Erawan-Schrein 11 ⭐ [F4]

Als es 1956 beim Bau des damaligen Erawan-Hotels zu zahlreichen Unglücken kam, schrieb man dies dem Zorn von Geistern zu, die in den Bäumen des Grundstücks gelebt hatten und nun heimatlos geworden waren. Nachdem man ihnen als neue Behausung den Schrein errichtet hatte, gab es keine Zwischenfälle mehr. Später riss man das ursprüngliche Hotel ab und ersetzte es durch das Grand Hyatt Erawan, das 1991 eingeweiht wurde.

Am Schrein herrscht ein ständiges Kommen und Gehen, Gläubige entzünden Räucherkerzen und bringen Opfer dar. Tänzerinnen geben tagsüber Kostproben des klassischen Thai-Tanzes – dem Hindugott Brahma (Phra Phrom) zu Ehren. Er soll Wünsche erfüllen, wenn man ihn gnädig stimmt. Die vergoldete Gipsstatue ist oft vor lauter Blumengirlanden und Weihrauch kaum noch zu erkennen. Am 17. August 2015 kamen bei einem Bombenanschlag vor dem Schrein 20 Menschen ums Leben. Der Anschlag soll als Rache für Polizeimaßnahmen gegen ein Menschenschmugglernetzwerk für Uiguren ausgeführt worden sein (Ecke Thanon Ratchadamri/Thanon Phloenchit, tgl. 6–23 Uhr).

Thanon Sukhumvit

Verlauf: Nana › Chuvit Garden ›
Kamthieng House › Benjakitti Park
› Benjasiri Park (Queen's Park) ›
Thong Lor Art Space › **Bangkok
University Art Gallery**

Karte: Seite 136
Dauer: ca. 4 Std.
Praktische Hinweise:
• Startpunkt ist die BTS-Station
  Nana. Von hier kann man nach
  Lust und Laune der Sukhumvit
  nach Südosten folgen. Da die BTS
  hier über den dichten Straßenver-
  kehr hinweggleitet, hüpft man am
  besten von Station zu Station des
  Skytrain. Längere Spaziergänge
  auf der abgasgeschwängerten
  Straße sind weniger vergnüglich.
  Taxifahrten sollte man wegen der
  ständigen Staus lieber meiden.

Tour-Start: BTS Nana

Die westliche Sukhumvit rund um
die Skytrain-Station ist als Vergnü-
gungsviertel bekannt, ja berüchtigt.
Es gibt hier aber weit mehr zu sehen
und zu erleben als das Rotlichtzen-
trum **Nana Plaza** auf den ersten
200 m der Soi 4. Vom Ausgang
(Exit 3) der Station gelangt man direkt zur **Soi 11**. Sie ist die neonglit-
zernde Partymeile der Sukhumvit:
mit jeder Menge Bars, Restaurants
und Klubs. Natürlich gibt es hier
auch einen Nachtmarkt.

Zwischen Soi 8 und 10 erstreckt
sich der **Chuvit Garden** 12 **[H4]**, eine
Oase der Ruhe an der trubeligen
Thanon Sukhumvit. Die private
Parkanlage ist nach Chuvit Kamol-
visit benannt, Bangkoks größtem
Massagesalonbesitzer, dem das
Land gehört. 2003 ließ er in einer
Nacht-und-Nebel-Aktion über 100
Bars und Shops dem Erdboden
gleichmachen, die das Areal besetzt
hatten (tgl. 6–10, 16–20 Uhr).

Tour durch Downtown

Tour 11

Thanon Sukhumvit

12 Chuvit Garden
13 Kamthieng House
14 Benjakitti Park
15 Benjasiri Park (Queen's Park)
16 Thong Lor Art Space
17 Bangkok University
    Art Gallery

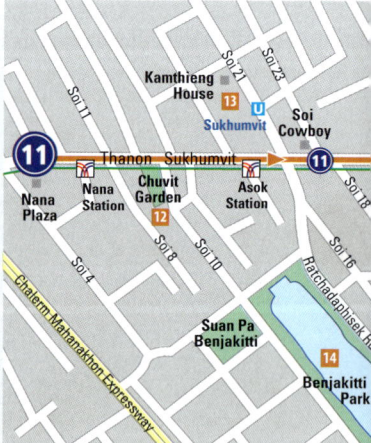

BTS Asok

In unmittelbarer Nähe der Skytrain-Station, die sich hier mit der MRT Sukhumvit kreuzt, liegt eine weitere, kleinere Rotlichtgasse, die **Soi Cowboy** (zw. Soi 21 und Soi 23). Etwas weiter nördlich findet man dagegen inmitten der Glaspaläste eine Oase der Ruhe mit tropischem Garten: das **Kamthieng House** 13 ⭐ [H4] der Siam Society, die sich der Erforschung und Pflege der thailändischen Kultur widmet. Das 1848 im Lanna-Stil errichtete, gut erhaltene Teakhaus eines Reisbauern wurde 1963 vom Ufer des Ping River in Chiang Mai nach Bangkok versetzt und dient heute als ethnologisches Museum. Es informiert mit Arbeitsgeräten und viel Multimedia über die bäuerliche Kultur und den Geisterglauben der Menschen im nördlichen Lanna des späten 19. Jhs. Im Vorgarten lädt ein Café zum Verweilen ein. Wer sich intensiver mit der Kultur Thailands beschäftigen

Der Benjakitti Park ist eines von Bangkoks bestgehüteten Geheimnissen

möchte, findet in der **Bibliothek der Siam Society** nebenan eine faszinierende Auswahl an Literatur (131 Soi Asoke, www.siam-society.org, Di–Sa 9–17 Uhr, 100 Baht).

Im gepflegten **Benjakitti Park** 14 [H5/6] südlich der Skytrain-Station Asok (Shuttlebus) kann man einen 800 m langen, von Bougainvilleen gesäumten künstlich angelegten See mit einem vor Ort geliehenen Fahr-

rad umrunden und natürlich auch umjoggen, oder man mietet sich ein Tretboot oder Kanu. Die Südseite des Sees beherrscht das **Queen Sirikit National Convention Centre** (Park tgl. 5–21 Uhr).

BTS Phrom Phong

Je weiter man der Sukhumvit nach Südosten folgt, desto schicker werden die Apartmentblocks, Restaurants und Einkaufszentren. Etwas nordwestlich der Skytrain-Station verführt der gepflegte **Benjasiri Park (Queen's Park)** 15 zwischen Soi 22 und 24 mit Blumenbeeten, Lotusteich und Skulpturengarten zum Bummeln. Abends wird hier gejoggt und Takraw gespielt. Das edle **Emporium Shopping Center** (www. emporium.co.th) › S. 41 erfüllt die Bedürfnisse der wohlhabenden Bewohner des Viertels.

BTS Thong Lor

Noch nobler geht es rund rund um die Thong Lor (Soi 55) zu. In den Apartmentblocks wohnen reiche Ausländer (darunter viele Japaner), aber auch Thai-Promis. Einen Besuch lohnt die kleine Galerie **Thong Lor Art Space** 16 ⭐, wo neben Ausstellungen und Performances auch Konzerte und Lesungen stattfinden (Tel. 095 542 4555, 58/14–15 Soi 55, Th Sukhumvit).

Zwischenstopp: Streetfood

Der Bau eines neuen Apartmentkomplexes am Anfang der Sukhumvit Soi 38 (unmittelbar südlich der BTS-Station Thong Lor) hat bei Streetfoodfans Panikattacken ausgelöst, da zahlreiche **Garküchen** von ihren angestammten Plätzen vertrieben wurden. Viele haben jedoch im Innenhof des **Sutti Mansion** 4 eine neue Heimat gefunden. Wer scharfe Isaan-Küche, fein gewürzte Satay-Spieße, chinesische Nudeln mit Schweinefleisch und japanische Ramen-Suppe liebt, kommt hier weiterhin auf seine Kosten.

BTS Ekkamai

Die Ekkamai (Sukhumvit Soi 63) ist Rucksackreisenden vor allem wegen des Eastern Busterminal ein Begriff, doch hier kann man auch sehr nett (und weniger elitär als an der Thong Lor) ausgehen. Kunstinteressierte sollten einen Blick in die **Bangkok University Art Gallery** 17 werfen, die vor allem Werke aufstrebender einheimischer Künstler zeigt (kurze Taxifahrt von der BTS-Station Ekkamai, Exit 4, Thanon Phra Rama IV., City Campus, 3. Stock, Gebäude 9, Di–Sa 10–19 Uhr).

Ausflug in Bangkoks Norden

Auf dem meist nur kurz »JJ« genannten, 35 ha großen **Chatuchak Weekend Market** mit über 15 000, in 27 Sektionen aufgeteilten Ständen kann jeder seiner Kaufwut freien Lauf lassen. Hier erlebt man Bangkoker Alltag hautnah. Tolle Souvenirs sind ethnische Kleidung, Kunsthandwerk der Bergvölker, Seladon-Keramik, Amulette, Antiquitäten, coole T-Shirts und Kreationen junger einheimischer Designer. Gegessen wird in unzähligen Garküchen (besonders Sektion 17 und 19). Wer sich einfach treiben lässt, findet mit dem hohen Uhrturm im Zentrum des Marktes stets einen Orientierungspunkt. Für gezieltes Shopping empfiehlt sich der inoffizielle Führer im Internet unter www.chatuchak.org sowie die Orientierungskarte des Tourist Office, Sektion 27, nahe Eingang 1 (Eingänge Thanon Kamphaeng Phet und Thanon Phahonyothin, Sa, So 6–18,

Textilgroßmarkt Fr 18–24 Uhr, BTS Mo Chit oder MRT Chatuchak). **50 Dinge** ㉟ › S. 16.

Das nördlich des Chatuchak Market liegende, überaus sehenswerte neue **Museum of Contemporary Art (MOCA)** hat der kunstverständige Telekom-Milliardär Boonchai Bencharongkul finanziert. Er stattete die großzügigen Räume auch mit zahlreichen Kunstwerken aus (499 Th Kamphaeng Phet 6, www.moca bangkok.com, Di–Fr 10–17, Sa, So 11–18 Uhr, 250 Baht).

Der überdachte **Or Tor Kor Market** südlich des Chatuchak Market gilt als Bangkoks bester Obst- und Lebensmittelmarkt. Neben unzähligen Verkaufsständen gibt es hier auch einen Food-Court mit exzellenten Garküchen sowie einige kleine Restaurants (tgl. 6–20 Uhr, Ausgang gegenüber Chatuchak Market, dem Schild »Marketing Organization for Farmers« folgen).

AUSFLÜGE & EXTRA-TOUREN

Kleine Inspiration

- **Bangkoks Norden erleben** bei einer gemächlichen Flussfahrt auf dem Chao Phraya › S. 141
- **Thailands alte Hauptstadt Ayutthaya erkunden** – am besten per Rad und am frühen Morgen › S. 142
- **Das eigene Glück befördern,** indem man den Chedi in Nakhon Pathom dreimal im Uhrzeigersinn umrundet › S. 145
- **Palmzuckerkuchen direkt vom Boot kaufen** auf dem noch sehr authentischen Ta Kha Floating Market › S. 146
- **Thailands Architekturerbe en miniature bewundern** bei einem Rundgang durch die Muang Boran Ancient City › S. 147

Ausflüge

Bootsfahrt auf dem Chao Phraya

**Verlauf: Bangkok › Nonthaburi ›
Wat Chalerm Phra Kiat › Ko Kred ›
Bangkok**

Karte: Seite 145
Dauer: ½ Tag (mit Ko Kred 1 Tag)
Praktische Hinweise:
- Anfahrt mit dem Chao Phraya Express Boat nach Nonthaburi N30 (orangefarbene Flagge, etwa 1 Std. ab Central Pier Sathorn). Expressboote (grüne Flagge) fahren nur frühmorgens (6–8 Uhr) bzw. am späten Nachmittag (16–18 Uhr) weiter bis zum Tha Pakkret N33 (dort Fähre nach Ko Kred). Beste Zeit ist der frühe Morgen.

Nach Nonthaburi **1**

Das unmittelbar nördlich der Stadtgrenze Bangkoks gelegene Nonthaburi ist der letzte Stopp der meisten auf dem Chao Phraya verkehrenden Expressboote und daher ein stressfreier Ausflug. Unmittelbar nach der Rama VIII. Bridge im Norden von Banglamphu kann man am Ostufer zwei mustergültig restaurierte Prinzenresidenzen sehen, **Bangkhunprom Palace** und **Devaves Palace,** dann taucht das **Königliche Bootshaus am** Tha Wasukri vor der **Nationalbiblio-**

Thailands alte Hauptstadt Ayutthaya zählt
zum UNESCO-Weltkulturerbe

thek auf. Es folgt die erste katholische Kirche der Stadt: Die bereits im 17. Jh. unter der Herrschaft des Ayutthaya-Königs gegründete und im 19. Jh. mehrfach neu errichtete **Immaculate Conception Church.** Auf der Weiterfahrt erblickt man immer wieder buddhistische Tempel, aber auch Moscheen. Rund um die Krungthon Bridge leben manche Gemeinden noch immer auf Pfahlhäusern oder auf zu Hausbooten umfunktionierten riesigen Schlepperkähnen aus Teak.

Architektonisches Highlight in Nonthaburi, das am Ostufer liegt, ist das alte **Rathaus** am Fluss, das reich mit Schnitzereien aus Teakholz verziert ist. Ganz in der Nähe des Expressbootpiers findet ein für die Qualität seiner Früchte renommierter, stimmungsvoller **Markt** statt (tgl. 5–9 Uhr).

Wat Chalerm Phra Kiat **2**

Etwa 1 km nördlich liegt am Westufer in einem zauberhaften Garten der elegante, unter Rama III. erbaute Tempel mit Chedi aus der Zeit von König Mongkut (Rama IV.). Der Bot und die beiden Viharns zeigen chinesisch geschwungene, mit pastellfarbenen Porzellanfliesen verzierte Dachgiebel. Die Türen des Bot faszinieren mit Landschaftsmotiven in Schwarzgold-Lackmalerei (Flussüberquerung mit Longtailboot, dann zu Fuß oder per Motorradtaxi weiter zum Tempel).

Ko Kred ▣

Einige Kilometer weiter flussaufwärts liegt in einer durch einen Ka-
nal begradigten Schleife des Chao
Phraya die Flussinsel **Ko Kred**, in der
eine Gemeinde der aus Birma stam-
menden Mon schöne Töpferwaren
herstellt. Vor dem **Wat Paramai Yika-
wat** wird ein attraktiver **Markt** abgehalten, außerdem gibt es ein kleines
Töpfereimuseum (Mo–Fr 13–16, Sa,
So 9–17 Uhr). Im Food-Court **Pa Ka
Lung** kann man *khaw chaa* und andere Mon-Gerichte probieren.

Ayutthaya ▣ ✪

> **Verlauf: Bangkok › Ayutthaya ›
> Bangkok**
>
> **Karte:** Seite 145
> **Dauer:** 1 Tag
> **Praktische Hinweise:**
> - Besonders schön sind die Fahrten
>   inklusive Übernachtung von Bang-
>   kok nach Ayutthaya mit zu Kreuz-
>   fahrtschiffen umgebauten Reisbar-
>   ken (www.thairivercruise.com und
>   www.manohracruises.com).
> - Eilige steigen dagegen frühmor-
>   gens in Bangkok in den ersten Zug
>   (Hualamphong Train Station, ab
>   5.20 Uhr), Bus (Northern Bus Ter-
>   minal Mo Chit) oder Minibus (ab
>   Victory Monument). Morgens und
>   im milden Abendlicht geben die
>   Ruinen von Ayutthaya nämlich die
>   schönsten Fotomotive ab.
> - Die Anlage ist tgl. 7.30–18.30 Uhr
>   geöffnet, ab 19 Uhr ist sie in Flut-
>   licht getaucht, Tagesticket 220 Baht,
>   einzelne Stätten 50 Baht.

Europäische Reiseberichte des späten 17. Jhs. rühmen die 1350 von
König Ramathibodi gegründete
Hauptstadt des Ayutthaya-Reichs
als »Perle des Ostens«. Unter König
Narai, der 1657 den Thron bestieg,
zählte Ayutthaya mehr Einwohner
als das damalige Paris des Sonnen-
königs oder London. Man erkundet
die Tempelruinen des von Wasser
umschlossenen **Ayutthaya Historical
Park** (seit 1991 Weltkulturerbe) am
besten frühmorgens mit einem
Fahrrad oder auf einer Bootsfahrt.

Wat Phra Si Sanphet

Im einstigen Königspalast findet
man den 1448 errichteten Haus-
tempel der Könige. Besonders sehenswert ist die Terrasse mit den
von Frangipani-Bäumen gesäumten
drei weißen Chedis im ceylonesi-
schen Stil aus dem 15./16. Jh. Südlich des alten Palasts thront im **Viharn Phra Mongkhon Bophit** ein
hochverehrter vergoldeter Bronzebuddha mit Perlmuttaugen.

Wat Na Phra Men

Der nördlich außerhalb des eigentlichen Bezirks gelegene Tempel ist
als eines der wenigen Bauwerke
Ayutthayas der Zerstörung entgan-
gen. Der reich verzierte Bot zeigt
mit Torbogen, Säulenvorbauten und
Giebeln den typischen Ayutthaya-
Stil. Besonders beeindruckend sind
die schönen Holzschnitzereien im
Giebel und in den Türfüllungen des
Bot. Im Bot selbst befindet sich auf
dem Altar eine sitzende Buddhafigur aus Bronze mit reicher Orna-
mentik. Ein imposanter, über eine

Der Wat Phra Mahathat ist berühmt für seinen von Baumwurzeln umfangenen Buddhakopf

Stufenterrasse gesetzter Eingang mit zwei kleinen, grazilen Nebeneingängen zieht die Blicke auf das dreifach gestaffelte Dach mit glasierten Ziegeln. Rechts vom Bot steht der kleinere Viharn mit einer kunstvoll geschnitzten Holztür, Freskenausmalung und einem sehr seltenen steinernen schwarzen Buddha im Dvaravati-Stil (6.–10. Jh.).

Wat Phra Mahathat

Wieder zurück auf der Insel empfängt östlich des Wat Phra Si Sanphet ein Buddhakopf die Besucher am Eingang des in Ruinen liegenden, um 1374 gegründeten Wat Phra Mahathat. Rechts vom Eingang zeugt ein ungewöhnlicher achteckiger Chedi mit stukkierten Nischen von chinesischen Einflüssen. Etwas weiter findet man einen Buddhakopf, der vom Wurzelwerk einer Banyanfeige umschlossen ist.

Wat Ratchaburana

Nördlich gegenüber liegt der von König Boromaraja II. (1424–1448) errichtete Wat Ratchaburana. Der später im Khmer-Stil aufgeführte zentrale Prang wirkt noch immer majestätisch. Er ruht auf einer großen, von Chedis eingerahmten und von Garudas flankierten Terrasse. Die Nischen bergen Buddhastatuen.

In zwei mit farbenprächtigen Freskenresten geschmückten Krypten wurde 1957 ein wertvoller Schatz mit goldenen Votivtäfelchen, Goldfiguren von Wächtern mythischer Tore, Schmuck sowie schönen Buddhaplastiken gefunden, heute im hiesigen **Chao Sam Phraya National Museum** zu besichtigen. Zu den größten Kostbarkeiten zählt ein vergoldetes Lackkabinett mit Perlmutteinlagen, das den buddhistischen Kosmos abbildet (Thanon Rojana, Mi–So 8.30–16 Uhr, 150 Baht).

Der meditierende Buddha im Wat Phanan Choeng hat eine Kniespannweite von 20 m

Wat Phanan Choeng

Der häufig restaurierte Tempel im Khmer-Stil steht am Zusammenfluss von Nam Pasak und Chao Phraya. Die vergoldete, 20 m hohe Buddhastatue im Viharn zählt zu den größten des Landes. Pilger kaufen am Eingang des Tempels große safranfarbige Schärpen, die ein speziell dazu abgestellter Mann den ganzen Tag lang über die Schultern des Buddha legt.

Wat Phuttaisawan und Wat Chai Wathanaram

Weiter westlich erhebt sich der riesige weiße »Zuckerhut« des Wat Phuttaisawan. Noch weiter westlich bietet der besonders schöne, um 1630 von König Prasat Thing zur Feier seiner Krönung gegründete Wat Chai Wathanaram mit seinem majestätischen Prang im Khmer-Stil aus rotem Ziegelwerk einen magischen Anblick, besonders bei Sonnenuntergang.

Zwischenstopp: Restaurants

Am besten und preiswertesten isst man auf dem **Chao-Prom-Markt** und dem **Hua-Ror-Markt**.

Kankitti €–€€
Hier gibt's die leckeren kleinen Flusskrebse von Ayutthaya, aber auch preiswerte Fischcurrys.
• Thanon U Thong
  Tel. 035 24 1971

Saithong €
Einfaches Lokal mit gutem Seafood, serviert auf einer Terrasse am Flussufer.
• Thanon U Thong
  Tel. 035 24 1449

Nakhon Pathom 5

Verlauf: Bangkok › Nakhon Pathom › Bangkok

Karte: Seite 145
Dauer: ½ Tag
Praktische Hinweise:
- Organisierte Touren zum Schwimmenden Markt von Damnoen Saduak › S. 146 beinhalten oft einen Schnellbesuch der Stadt.
- Alternativ nimmt man die preiswerteren öffentlichen Busse 83 und 997 (ab Southern Bus Terminal, 1 Std.). Im Abendlicht leuchtet der berühmte Chedi der Stadt besonders schön. Ab 17 Uhr bauen davor Garküchen ihre Stände auf. Der letzte Bus zurück nach Bangkok fährt gegen 21.30 Uhr.

Die 70 km westlich von Bangkok liegende Geschäfts- und Universitätsstadt besitzt mit dem **Phra Pathom Chedi** (Heiliger Chedi des Anfangs) den ältesten und mit 127 m höchsten buddhistischen Sakralbau weltweit. Nach der kambodschanischen Eroberung des Landes (um 1002) wurde ein wohl Hunderte Jahre älteres Heiligtum mit einem Prang im Khmer-Stil überbaut. Unter den Königen Mongkut und Chulalongkorn umhüllte man den Stupa mit einer monumentalen Pagode, die auf zwei mit heiligen Banyanbäumen bepflanzten Terrassen ruht. Die Verbindung stellen Freitreppen her, die mit Fliesen und Skulpturen geschmückt sind. Auf der oberen Terrasse befinden sich 24 kleine Glockentürme mit bronzenen Glocken. Den Chedi umgibt eine Säu-

1	Nonthaburi	4	Ayutthaya	7	Amphawa
2	Wat Chalerm Phra Kiat	5	Nakhon Pathom	8	Rose Garden
3	Ko Kred	6	Damnoen Saduak	9	Muang Boran Ancient City

lengalerie mit vier symmetrisch eingefügten Viharns. Oben ist, weit sichtbar, die meistverehrte Statue des Chedi aufgestellt: der vergoldete **Phra Ruang Rojanarit**. Von hier umrundet man den Chedi im Uhrzeigersinn. In der Zeit des Novembervollmonds wird rund um das Bauwerk und auf den Tempelterrassen ein Jahrmarkt abgehalten.

Schwimmende Märkte

Verlauf: Bangkok › Damnoen Saduak › Amphawa › Tha Ka Floating Market › Rosegarden › Bangkok

Karte: Seite 145
Dauer: 1 Tag
Praktische Hinweise:
- Am besten bucht man eine organisierte Tagestour (ca. 2500 Baht) nach **Damnoen Saduak**. Am Wochenende werden auch Touren nach **Amphawa** angeboten.
- Vom Bangkok Southern Bus Terminal starten alle 40 Min. Busse nach Damnoen Saduak (ab 6 Uhr), von dort geht es per Boot oder mit dem Songthaeo (Sammeltaxi) weiter.
- Die beste Zeit ist frühmorgens.

Damnoen Saduak **6**

Der Schwimmende Markt (*talat khlong*) von Damnoen Saduak liegt rund 110 km westlich von Bangkok. Heute dienen die zahlreichen schmalen Boote der Händlerinnen mit ihren traditionellen hohen Strohhüten, die Obst und Gemüse durch Kanäle paddeln und feilbieten, hauptsächlich touristischen Zwecken. Besucher können auch von Brücken und Fußwegen das fotogene Schauspiel verfolgen (tgl. 6–11 Uhr).

Amphawa **7**

Nur Fr–So abends findet etwa 10 km südlich von Damnoen Saduak entlang eines kleinen Nebenflusses des Mae Khlong der noch recht ursprüngliche **Amphawa Floating Market** statt. Speisen kann man z. B. im Baan Amphawa Resort €€ (Tel. 034 75 22 22, www.baanamphawa.com). Wer hier übernachtet, kommt in den Genuss einer romantischen Glühwürmchen-Safari. **50 Dinge** ㉕ › S. 14. Am Sa und So morgen kann man dann mit einem Boot von Amphawa (oder Damnoen Saduak) den etwa 10 km entfernten, noch weitgehend untouristischen **Tha Ka Floating Market** auf dem Khlong Phanla in Ban Tha Ka besuchen (7–12 Uhr).

Rose Garden **8**

Touren nach Damnoen Saduak werden in der Regel mit einem Mittagessen im Rose Garden (30 km westl. von Bangkok) kombiniert, dessen Thai Village tgl. ab 14 Uhr in einer Zeitraffershow alles vorführt, was man gemeinhin als landestypisch betrachtet, von der Prozession für eine Mönchsordination über Thaiboxen, Hahnenkampf, Bambustanz, Schwertkämpfe bis hin zu einer Hochzeitszeremonie. Im nahen **Samphran Elephant Ground & Zoo** gibt's nachmittags eine gut inszenierte Elefantenshow.

Ein Touristenspektakel, aber durchaus sehenswert: der Damnoen Saduak Floating Market

Muang Boran Ancient City 9

Verlauf: Bangkok › Muang Boran Ancient City › Bangkok

Karte: Seite 145
Dauer: ½ Tag
Praktische Hinweise:
- Organisierte Tagestouren schließen ein Mittagessen und den Besuch der Samut Prakarn Crocodile Farm ein (1700–2200 Baht).
- Von der BTS-Station Bearing starten um 10, 11 und 13.30 Uhr Zubringerbusse nach Ancient City.

Das 33 km südöstlich von Bangkok gelegene Freilichtmuseum wurde 1972 vom thailändischen Königspaar und Queen Elizabeth II. eingeweiht. Die 1,5 km² große Anlage hat aus der Luft betracht die Umrisse Thailands. Initiiert und auch finanziert wurde das 200 Mio. US-Dollar teure Projekt vom steinreichen einheimischen Kunstliebhaber Khun Lek (Praphai) Viriyapan. Er engagierte die besten Archäologen und Kunsthistoriker des Landes, rettete mit seinem Geld aber auch manche Originalbauten vor dem Verfall.

Zu sehen sind über 100 teilweise verkleinerte Kopien oder restaurierte und hierher versetzte Originale berühmter Bauwerke aus allen Teilen Thailands, darunter 65 Tempel, eingebettet in eine reizvolle Parklandschaft mit künstlichen Bergen und Seen. Außerdem befinden sich ein Schwimmender Markt, ein Elefantenkral und ein Zoo mit Freigehege auf dem Areal (296/1 Th Sukhumvit, Samut Prakarn, www.ancientcitygroup.net, tgl. 9–19 Uhr, Erw. 700 Baht, Kinder 350 Baht).

Extra-Touren

 Tour 12 ## Bangkok in drei Tagen

Verlauf: **Wat Arun** › **Wat Phra Kaeo** › **Wat Pho** › **Thonburi** › **Thanon Silom** › **National Museum** › **Dusit-Palastpark** › **Chinatown** › **Sampeng Lane** › **Wat Traimit** › **Mandarin Oriental** › **Asiatique The Riverfront** › **Golden Mount** › **Wat Ratchanatda** › **Giant Swing** › **Wat Suthat** › **Wat Ratchabophit** › **Wat Ratchapradit** › **San Chao Poh Seua** › **Thanon Ratchadamnoen Klang** › **Jim Thompson's House** › **Erawan-Schrein** › **Thanon Sukhumvit**

Karte: siehe Faltkarte
Dauer: 3 Tage
Verkehrsmittel: Die Sehenswürdigkeiten der Altstadt erreicht man am besten mit den Flussfähren des Chao Phraya Express. Am Central Pier (Taksin-Brücke) kann man in den BTS Skytrain umsteigen, mit dem alle Attraktionen zwischen Silom und Sathorn bzw. Siam Square und Sukhumvit bequem zu erreichen sind. Auf dem Khlong Saen Saep verkehren Boote, mit denen man der Rushhour zwischen Ratchadamnoen Klang und Siam Square aus dem Weg geht.

1. Tag: Den Jetlag besiegt man am besten, indem man am frühen Morgen das dann noch relative kühle Bangkok auf dem Chao Phraya entdeckt. Die Expressboote und Fähren verkehren schon ab 6 Uhr – ideal, um den ab 7.30 Uhr geöffneten **Wat Arun** › S. 84 im Perlmuttglanz des klaren Morgenlichts zu erleben. Am Ostufer leuchten die Dächer und Pagoden des Königspalasts mit dem **Wat Phra Kaeo** › S. 72, dessen Besuch den Vormittag in Anspruch nimmt. Absolute Höhepunkte sind der Bot des Smaragdbuddha und die Wandbilder mit Szenen aus dem Ramakien. Zur Mittagszeit laden die kleinen Lokale rund um den Tha Chang zur Einkehr. Der **Wat Mahathat** › S. 78 bietet um 13 Uhr eine Schnuppermeditation für Anfänger.

Der Nachmittag ist dem **Wat Pho** › S. 86 gewidmet – hier beeindrucken vor allem die Entrücktheit des Liegenden Buddha und die Eleganz der vier königlichen Chedis. Die müden Glieder in Schwung bringt eine Massage in der Wat Pho Traditional Massage School.

Anschließend mietet man am Tha Tien ein Longtailboot, um eine entspannende Fahrt durch die **Kanäle von Thonburi** › S. 92 zu unternehmen. Top-Locations für einen Sundowner mit Traumblick auf den Wat Arun sind die Terrassen des Sala Rattanakosin oder des The Deck by the River. Ansonsten fährt man mit dem bis 19 Uhr verkehrenden Chao Phraya Express zum Central Pier. Dort entführt der BTS Skytrain in wenigen Minuten ins Nachtleben an der **Thanon Silom.**

2. Tag: Am Vormittag macht eine zweistündige Führung auf Deutsch (Mi, Do 9.30 Uhr) durch das **National Museum** › **S. 78** mit den schönsten Buddhas Thailands bekannt. Anschließend geht es auf der Prachtstraße Ratchadamnoen Klang in den Dusit-Palastpark, wo die königlichen Thronhallen und der **Vimanmek Palace** › **S. 114** auf Besichtigung warten. Nur wenige Minuten sind es von dort mit dem Taxi bis Chinatown – hier schlendert man durch die enge **Sampeng Lane** › **S. 119**, erweist dem berühmten Goldenen Buddha im **Wat Traimit** › **S. 122** die Ehre und probiert sich anschließend durch die Leckereien der Garküchen. Der spätere Nachmittag ist ideal für einen Bummel durch das südlich angrenzende ehemalige Europäerviertel **Old Farang** und einen Fünfuhrtee im berühmten **Mandarin Oriental** › **S. 125**. Ein kostenloses Fluss-Shuttle verkehrt vom nahen Central Pier zum Vergnügungskomplex **Asiatique The Riverfront** › **S. 126,** wo man bis Mitternacht essen, trinken und die Travestieshow des **Calypso Cabaret** erleben kann.

3. Tag: Frühes Aufstehen lohnt, um den **Golden Mount** › **S. 96** im Morgenlicht zu erleben. Anschließend führt ein Rundgang durch das Tempelviertel Phra Nakhon. Zunächst besucht man den **Wat Ratchanatda** › **S. 97** mit dem »Eisernen Palast« und genießt ganz in der Nähe das köstliche *phat thai* im Thip Samai Noodle Shop oder bei Jay Fai eine fantastische *tom yam gung*. Danach schlendert man die Thanon Bamrung Muang entlang, die in weni-

Riesiges Shopping- und Vergnügungsareal am Chao Phraya: Asiatique The Riverfront

gen Minuten zur **Giant Swing** und zum **Wat Suthat** › S. 100 mit 8 m hohem Bronzebuddha führt. Von hier sind es rund 5 Min. zum **Wat Ratchabophit** › S. 90 mit seinem pastellfarbenen chinesischen Fliesendekor. Fast nebenan, nur durch eine Fußgängerbrücke getrennt, liegt der elegante **Wat Ratchapradit** › S. 89 mit faszinierenden Wandmalereien. Auf der Thanon Tanao mit ihren fabelhaften kleinen Garküchen und dem chinesischen Tempel **San Chao Poh Seua** › S. 102 geht es zur Prachtstraße Ratchadamnoen Klang. Hier nimmt man ein Taxi zum Siam Square. Alternativ fährt vom Tha Panfa Leelard ein Khlongboot gemächlich zur Haltestelle Baan Krua Nua, nur wenige Schritte vom Teakhausensemble des **Jim Thompson's House** › S. 133 entfernt. Nach einem Tee im idyllischen Garten sind in wenigen Minuten die klimatisierten Einkaufszentren rund um den Siam Square erreicht – allein im MBK Shopping Center kann man leicht einen Nachmittag verbringen. Am **Erawan-Schrein** › S. 135 erfüllt ein Räucherstäbchenopfer für den vielgesichtigen Gott Brahma vielleicht einen Wunsch, dann warten die vorzüglichen Restaurants, Bars und Nachtklubs entlang der **Thanon Sukhumvit**, allesamt mit dem BTS Skytrain in wenigen Minuten zu erreichen.

Bangkok auf dem Chao Phraya

Verlauf: Central Pier › **Mandarin Oriental** › **TCDC** › **Old Customs House** › **Portuguese Embassy** › **Wat Traimit** › **Chinatown** › **Pahurat** › **Talat Pak Khlong** › **Wat Pho** › **Wat Arun** › **Wat Phra Kaeo** › **Großer Palast** › **Siriraj Hospital** › **Royal Barges Museum** › **Thanon Phra Athit** › **Khao San Road**

Karte: siehe Faltkarte
Dauer: 1 Tag
Verkehrsmittel: Mit dem Chao Phraya Express › S. 26 entgeht man den Verkehrsstaus und hüpft einfach von Pier zu Pier (*tha* genannt), entweder (flexibler) mit den auch außerhalb der Stoßzeiten verkehrenden Booten mit orangefarbener Flagge (alle 5–20 Min., pro Fahrt 15 Baht) oder mit Touristenbooten (englischsprachige Kommentare, alle 30 Min., pro Fahrt 40 Baht, Tageskarte 150 Baht, halten nur am Central Pier, Oriental N1, Si Phraya N3, Rachawong N5, Tien N8, Maharaj, Wang Lang N10 und Phra Athit N13). Boote mit orangefarbener Flagge verkehren von 6.10 bis 19 Uhr, Touristenboote von 9 bis 16 Uhr.

Mit dem BTS Skytrain gelangt man zum **Central Pier.** Von hier führt die Bootsfahrt zunächst an der imposanten Fassade des Shangri La Hotels vorbei, bevor man am Tha Oriental N1 den ersten Stopp einlegen kann, direkt am berühmten **Mandarin Oriental** › S. 125. Am Tha Wat Muang Khae N2 (nur lokale Boote, ohne Flagge) stoppt, wer das **Thailand Creative & Design**

Die schönsten Barken der königlichen Flotte sind im Royal Barges Museum ausgestellt

Center (TCDC) im ehemaligen Central Post Office › **S. 124** oder das **Old Customs House** › **S. 125** aus der Nähe betrachten möchte – die imposante Flussfassade des Zollhauses lässt sich aber auch im Vorbeifahren fotografieren. Vom Tha Si Phraya N3 ist es nicht weit zur **Portuguese Embassy** › **S. 124**. Am Tha N4 Marine Department steigt man aus, wenn man seine Tour durch Chinatown am **Wat Traimit** › **S. 122** mit dem berühmten Golden Buddha starten möchte, ansonsten beginnt die Erkundung am Tha Ratchawong N5. Der Tha Memorial Bridge N6 ist das Sprungbrett für einen Streifzug durch die indische Enklave **Pahurat** › **S. 118**. Der berühmte Blumenmarkt **Talat Pak Khlong** › **S. 118** liegt einen Pier flussaufwärts am Tha Ratchini N7 (nur lokale Boote, ohne Flagge). Nächster Halt ist der Tha Tien N8, direkt am **Wat Pho** › **S. 86**. Hier setzen lokale Fähren zum **Wat Arun** › **S. 84** über. Viele Passagiere verlassen auch am Tha Chang N9 das Boot, denn von hier sind es nur wenige Schritte zum **Wat Phra Kaeo** › **S. 72** und zum **Großen Palast** › **S. 75** (Touristenboote stoppen am Tha Maharaj). Anschließend geht es ans andere Flussufer. Wer die etwas gruseligen Museen des **Siriraj Hospital** › **S. 93** besichtigen möchte, steigt am Tha Wang Lang (Siriraj) N10 aus, nächster Halt ist dann der Tha Thon Buri Railway N11 (nur lokale Boote, ohne Flagge). Etwas schwer zu Fuß zu finden, aber dem Tha Pra Pinklao Bridge N12 am nächsten ist das **Royal Barges Museum** › **S. 93**. Dann geht es wieder zurück ans Ostufer. Vom Tha Phra Athit N13 kann man gemütlich die parallel zum Fluss verlaufende **Thanon Phra Athit** › **S. 107** mit ihren restaurierten Shophouses, Cafés, Bars und Restaurants entlangbummeln, bevor man das abendliche Treiben auf der nahen **Khao San Road** › **S. 108** genießt.

Infos von A–Z

Ärztliche Versorgung

Bangkok verfügt über hervorragende Krankenhäuser und qualifizierte Ärzte. Die Behandlungskosten sind relativ niedrig, weswegen der Gesundheitstourismus eine zunehmend große Rolle spielt. Fast alle Medikamente sind in den Apotheken rezeptfrei erhältlich. Da die gesetzliche Versicherung für Behandlungen in Thailand nicht aufkommt, empfiehlt sich der Abschluss einer privaten Reisekrankenversicherung, die im Notfall auch einen Rücktransport einschließt.

- **Bangkok International Hospital**
  2 Soi Soonvijai 7, New Petchburi Rd.
  Huaykwang, Bangkok
  Tel. 02 310 3000
  www.bangkokhospital.com

Ausrüstung und Bekleidung

Neben dünner Baumwoll- oder Leinenkleidung gehören eine leichte Strickjacke für klimatisierte Räume sowie längere Röcke, Hosen und T-Shirts für Tempelbesuche ins Gepäck, weiterhin Mückenschutzmittel. Sonnencreme mit hohem Schutzfaktor, Sonnenhut und -brille.

Barrierefrei reisen

Die Infrastruktur für Reisende mit Handicap lässt außerhalb der Hotels und Resorts zu wünschen übrig, was die Hilfsbereitschaft der Einheimischen aber zum Teil wettmacht. Bei der Reiseplanung ist die Website www.accessiblethailand.com nützlich, organisierte Reisen bietet www.wheelchairtours.com.

Diplomatische Vertretungen

In Europa:

- **Königlich Thailändische Botschaft**
  Lepsiusstr. 64–66, 12163 Berlin
  Tel. 030/79 48 10
  www.thaiembassy.de
- **Königlich Thailändische Botschaft**
  Cottagegasse 48, 1180 Wien
  Tel. 01/478 33 35
  www.thaiembassy.at
- **Thailändisches Honorargeneralkonsulat**
  Löwenstr. 42, 8001 Zürich
  Tel. 043/344 70 00
  www.thai-consulate.ch

In Bangkok:

- **Deutsche Botschaft**
  9 Th Sathorn Tai
  Bangkok 10120
  Tel. 02 287 9000
  www.bangkok.diplo.de
- **Österreichische Botschaft**
  Q. House Lumpini, Unit 1801
  18th Floor, 1 Th Sathorn Tai
  Bangkok 10120, Tel. 02 105 6710
  www.bmeia.gv.at/oeb-bangkok
- **Schweizerische Botschaft**
  35 North Wireless Rd.
  Bangkok 10330
  Tel. 02 674 6900
  www.eda.admin.ch/bangkok

Einreise

Deutsche, Österreicher und Schweizer können für maximal 30 Tage visumfrei einreisen. Voraussetzung sind ein mindestens sechs Monate gültiger Reisepass und der Nachweis einer bestätigten Flugbuchung für die Rückreise. Kinder benötigen einen eigenen Reisepass. Die Aufenthaltsgenehmigung wird bei der Einreise in den Pass gestempelt. Hinzu kommt die ausgefüllte Departure Card, die bei der Ausreise wieder vorgelegt werden muss. Die Aufenthaltserlaubnis kann beim Immigration Office (www.bangkok.immigration.go.th/en) gegen eine Gebühr von 1900 Baht einmalig um 30 Tage verlängert werden.

Elektrizität

Die Netzspannung beträgt 220 Volt bei 50 Hz. Die meisten Anlagen haben kompatible Stecksysteme, bei älteren Steckdosen ist ein Adapter für Flachstecker notwendig.

Fotografieren

Thais lassen sich meist gern fotografieren, man sollte aber vorher um Erlaubnis bitten. Vereinzelte Fotoverbote bei militärischen Einrichtungen, in königlichen Gebäuden, Tempeln, Museen u. ä. werden durch aufgestellte Schilder deutlich angezeigt. Speicherchips u. a. Equipment sind problemlos vor Ort zu bekommen.

Geld

Die Landeswährung ist der Baht, unterteilt in 100 Satang. Im Umlauf sind Scheine zu 20, 50, 100, 500 und 1000 Baht, Münzen gibt es im Wert von 1, 2, 5 und 10 Baht sowie 25 und 50 Satang. An Geldautomaten mit Visa-/Cirrus-/Maestro-Symbol lässt sich mit der Kredit- oder Bankkarte gegen Gebühr Bares abheben. Bessere Hotels, Restaurants und Geschäfte akzeptieren Kreditkarten als Zahlungsmittel, am weitesten verbreitet sind Visa- und Mastercard. Wechselkurs (Stand Juni 2017): 1 € = 38 THB, 1 CHF = 35 THB; 10 THB = 0,26 € bzw. 0,28 CHF. Aktuelle Tageskurse unter www.oanda.com, Link »Währungsrechner«.

Gesundheit

Spezielle Impfungen sind nicht vorgeschrieben, empfohlen werden eine Auffrischung der Tetanus- und Polio-Prophylaxe sowie eine Immunisierung gegen Hepatitis A und B. Das Malariarisiko ist sehr gering. Ins Gepäck gehören Insekten- und Sonnenschutzmittel. Klimatisierte Räume sorgen häufiger für starke Erkältungen. Leitungswasser sollte man nur zum Zähneputzen verwenden und alles Rohe bzw. Ungeschälte meiden.

Information

- **Thailändisches Fremdenverkehrsamt**
  Bethmannstr. 58
  60311 Frankfurt/M.
  Tel. 069/138 13 90
  www.thailandtourismus.de
- **Tourism Authority of Thailand (TAT)**
  1600 New Phetchaburi Rd.
  Tel. 02 250 5500;
  4 Th Ratchadamnoen Nok
  Tel. 02 283 1500;
  Suvarnabhumi Airport, Ankunftshalle
  Tel. 02 134 0041
  www.tourismthailand.org
- **Bangkok Tourism Division (BTD)**
  17/1 Th Phra Athit
  Tel. 02 225 7612/13/14
  www.bangkoktourist.com

Internet

Viele Lokale, Einkaufszentren und Unterkünfte bieten drahtlosen, meist kostenfreien Internetzugang (WLAN). Wer unabhängig sein will, kann sich (z. B. im 7-Eleven-Store) eine thailändische Prepaid-SIM-Karte besorgen und über das Smartphone online gehen.

Notruf

- **Touristenpolizei:** 1155
- **Polizei:** 191
- **Feuerwehr:** 199

Öffnungszeiten

Geschäfte haben tgl. 8–20, Kaufhäuser 10–22 Uhr geöffnet, manche Supermärkte rund um die Uhr. Ämter und Behörden arbeiten meist Mo–Fr von 8.30–16.30, Banken empfangen Mo–Fr 9.30–15.30 Uhr Kundschaft. Museen sind meist Mo, Di und an buddhistischen Feiertagen geschlossen.

Sicherheit

Gewaltdelikte sind verhältnismäßig selten. In Menschenmengen ist mit Taschendieben zu rechnen, auch im Hotelzimmer kommt es zu Diebstählen – Wertsachen sind daher am besten im Safe aufgehoben. Häufiger als Raub und Diebstahl sind Betrügereien, an deren Anfang meist Schnäppchenversprechen stehen. Kreditkartenmissbrauch ist häufig, der Zahlungsvorgang sollte überwacht werden.

Telefon

Internationale Gespräche sind von Hotels und Overseas Telephone Services möglich, aber sehr teuer, ebenso Roaming. Vor Ort kann man aber in jedem 7-Eleven-Store thailändische Prepaid-SIM-Karten kaufen (in Supermärkten wieder aufladbar). Zu empfehlen sind die 1-2-Call-Karte von AiS und die Happy-Card von DTAC. Mit der Vorwahl 00500-49 (1-2 Call) bzw. 007-49, 008-49 oder 009-49 (Happy Call) telefoniert man besonders günstig nach Deutschland. Datenpakete sind für wenig Geld telefonisch (auf Englisch) zubuchbar. Mit dem eigenen Smartphone kann man damit aus einem WLAN-Netz heraus über Telefonie-Apps wie Skype oder WhatsApp kostenlos telefonieren.

Internationale Vorwahlen:
- Deutschland 00149
- Österreich 00143
- Schweiz 00141
- Thailand 0066

Trinkgeld

Bessere Restaurants und Hotels erheben eine Service Charge von 10 %, falls nicht, freut sich das Personal über ein Trinkgeld in dieser Höhe. In Garküchen sind Trinkgelder nicht üblich. Taxifahrer erwarten kein Trinkgeld – außer für besondere Gefälligkeiten.

Zeit

In Thailand ist man der MEZ um 6 Std., während der europäischen Sommerzeit um 5 Std. voraus.

Zoll

Zollfrei eingeführt werden dürfen Gegenstände des persönlichen Gebrauchs, 200 Zigaretten bzw. 250 g Tabak und 1 l Wein oder 1 l Spirituosen. Streng verboten ist die Einfuhr von Drogen, pornografischem Material und Waffen (detaillierte Informationen unter www. customs. go.th).

Die Ausfuhr von Antiquitäten und Buddhafiguren ist nur mit offizieller Genehmigung möglich (Office of National Museums, 81/1 Th Si Ayutthaya, Dusit, Tel. 02 628 5033). Tierprodukte unterliegen dem Washingtoner Artenschutzübereinkommen.

Die wichtigsten Zollfreigrenzen bei der Wiedereinreise nach Deutschland, Österreich und in die Schweiz: 200 Zigaretten oder 50 Zigarren oder 250 g Tabak, 1 l hochprozentiger Alkohol oder 2 l Wein; Geschenke im Gesamtwert von 430 € bzw. 300 CHF.

Devisen im Gegenwert von mehr als 20 000 US-$ müssen bei der Ein- und Ausreise deklariert werden. Die Ausfuhr von Beträgen über 50 000 Baht ist ebenfalls meldepflichtig.

Urlaubskasse	
Tasse Kaffee	0,80 €
Softdrink	0,80 €
Bier	1,50 €
Phat Thai (gebratene Nudeln)	1,50 €
Fleischgericht	3,00 €
Fischgericht	3,00 €
Mietwagen/Tag	ab 30 €
1 l Superbenzin	0,95 €

Register

Bildnachweis

Coverfoto: Wat Arun, Bangkok © AWL Images/Travel Pix Collection

agefotostock/Dave Stamboulis: 33; Alamy Stock Photo/Bjanka Kadic: 103; Alamy Stock Photo/John Kellerman: 89; Alamy Stock Photo/Simon Reddy: 109; Bildagentur Huber/Gavin Gough: 39; Bildagentur Huber/Reinhard Schmid: 68, 117; gemeinfrei: 57; Getty Images: 35, 127; Getty Images/Photolibrary: 20/21; GlowImages/ImageBROKER RM: 52/53, 101; Heidi Gruber: 13, 65, 69, 87; imago/ZUMA Press: 95; laif/Christian Heeb: 139; laif/Christian Kerber: 45; laif/Le Figaro Magazine/Fautre: 85; laif/Redux/Luke Duggleby: 91; laif/robertharding/Luca Tettoni: 73; laif/Tuul & Bruno Morandi: 66/67; Lonely Planet/Getty Images: 119; Mandarin Oriental: 30, 51, 125; mauritius images/age fotostock/Blaine Harrington: 48; mauritius images/imageBROKER/Jason Langley: 76; Wolfgang Rössig: 8 o.; Shutterstock.com/2p2play: 151; Shutterstock.com/304651610: 8 u.; Shutterstock.com/Artistpix: 10; Shutterstock.com/artography1976: 40, 41; Shutterstock.com/asam3dv: 92; Shutterstock.com/Atosan: 86; Shutterstock.com/Chantal de Bruijne: 47; Shutterstock.com/ben bryant: 79; Shutterstock.com/Casper1774 Studio: 99, 106; Shutterstock.com/cowardlion: 114, 133; Shutterstock/CRStudio: U2-1;Shutterstock.com/K. Decha: 81; Shutterstock.com/Oscar Espinosa: 97; Shutterstock.com/ Geet Theerawat: 6/7; Shutterstock.com/getIT: 122; Shutterstock.com/giemgiem: 98; Shutterstock.com/Jorg Hackemann: 15, 27; Shutterstock.com/i viewfinder: 9 o., 100, 112, U4-1; Shutterstock.com/joesayhello: 94, U4-2; Shutterstock/joyfull: U2-2; Shutterstock.com/Kamila Koziol: 16; Shutterstock.com/Kong niti: 9 u.; Shutterstock.com/KP Photograph: 140; Shutterstock.com/Tuomas Lehtinen: 130, 137; Shutterstock/lOvE lOvE: U2-4; Shutterstock.com/mai111: U2-3; Shutterstock.com/maneechote: 28; Shutterstock. com/matthew25: 25; Shutterstock.com/Luciano Mortula - LGM: 116; Shutterstock.com/Christian Mueller: 147, U4-3; Shutterstock. com/R.M. Nunes: 143; Shutterstock.com/Pix One: 104; Shutterstock.com/PK.Inspiration_06: 111; Shutterstock.com/PongMoji: 59; Shutterstock.com/Nataliia Sokolovska: 71; Shutterstock.com/Anna Tamila: 126; Shutterstock.com/The HippoZoom: 105; Shutterstock.com/Krissada Tiemnoppamus: 135; Shutterstock.com/Aleksandar Todorovic: 91; Shutterstock.com/topten22photo: 62; Shutterstock.com/Travel mania: 149; Shutterstock.com/Tupungato: 128; Shutterstock.com/TW Stocker: 23; Shutterstock.com/ Vaakim: 61; Shutterstock.com/Santiparp Wattanaporn: 144; Shutterstock.com/weerasak saeku: 75; Shutterstock.com/withGod: 43; Shutterstock.com/Olena Yakobchuk: 50.

Liebe Leserin, lieber Leser,
wir freuen uns, dass Sie sich für diesen POLYGLOTT on tour entschieden haben. Unsere Autorinnen und Autoren sind für Sie unterwegs und recherchieren sehr gründlich, damit Sie mit aktuellen und zuverlässigen Informationen auf Reisen gehen können. Dennoch lassen sich Fehler nie ganz ausschließen. Wir bitten Sie um Verständnis, dass der Verlag dafür keine Haftung übernehmen kann.

Ihre Meinung ist uns wichtig. Bitte schreiben Sie uns:
GRÄFE UND UNZER VERLAG
Postfach 86 03 66, 81630 München, Tel. 0 89 / 419 819 41
www.polyglott.de

LESERSERVICE
polyglott@graefe-und-unzer.de
Tel. 0 800 / 72 37 33 33 (gebührenfrei in D, A, CH), Mo–Do 9–17 Uhr, Fr 9–16 Uhr

1. Auflage 2018

© 2018 GRÄFE UND UNZER VERLAG GmbH, München
Dieses Buch wurde auf chlorfrei gebleichtem Papier gedruckt.
ISBN 978-3-8464-2910-5

Bei Interesse an maßgeschneiderten POLYGLOTT-Produkten:
Verónica Reisenegger
veronica.reisenegger@graefe-und-unzer.de

Bei Interesse an Anzeigen:
KV Kommunalverlag GmbH & Co KG
Tel. 089/928 09 60
info@kommunal-verlag.de

Redaktionsleitung: Grit Müller
Verlagsredaktion: Anne-Katrin Scheiter
Autor: Wolfgang Rössig
Redaktion: Anja Lehner
Bildredaktion: Tobias Schärtl
Mini-Dolmetscher: Langenscheidt
Layoutkonzept/Titeldesign:
fpm factor product münchen
Karten und Pläne: Theiss Heidolph und Kunth Verlag GmbH & Co. KG
Satz: Tim Schulz, Mainz
Herstellung: Anna Bäumner
Druck und Bindung:
Printer Trento, Italien

PEFC/18-31-506

Ein Unternehmen der
GANSKE VERLAGSGRUPPE

Mini-Dolmetscher

Da Thai in verschiedenen Tonhöhen gesprochen wird, kann ein und dasselbe Wort verschiedene Bedeutungen haben. Das macht Thai für Ausländer schwierig. Dennoch: Versuchen Sie sich zumindest an den wichtigsten Begriffen. Im allgemeinen werden Sie aber mit Englisch gut zurechtkommen.

zwanzig	je sip (oder: jip)
einundzwanzig	je sip et (oder: jip et)
dreißig	sahm sip
vierzig	sie sip
hundert	nüng roy
zweihundert	sohng roy
eintausen	nüng pan

Die wichtigsten Begriffe in Thai

Guten Tag, Auf Wiedersehen	Sawa**dih** kah (sagen Frauen), sawa**dih** kap (sagen Männer)
Entschuldigung	kor **tod**
Das macht nichts	**mai** pen rai
Viel Glück!	tschok **dih!**
Spaß haben	san**uk**
Kein Problem	mai pen rai
danke	kop kuhn **kah** (sagen Frauen), kop kuhn **kap** (sagen Männer)
ja	**kah** (sagen Frauen), **kap** (sagen Männer)
nein	mai tschai
wann	müa**rai**
wo	tie**nai**
Tempel	wat
Museum	pipi**tah**pan
Strand	**tschai** haht
Polizei	tam**ruat**
Krankenhaus	rong pah jah **bahn**
Arzt	mor
Unfall	ubatie**het**
Diebstahl	**ka**moi
Hilfe	**tschu**ai **du**ai
Restaurant	lahn a**hahn**
(nicht) scharf	(mai) pet
Bus(bahnhof)	(sata**nih**) rot meh
Bahn(hof)	(sata**nih**) rot **fai**
Taxi	**tek**si
Ausländer	**fa**rang
Toilette	hong **nahm**
wie viel (kostet es)?	tau **rai?**
(zu) teuer	**päng** bai
eins	nüng
zwei	sohng
drei	sahm
vier	sih
fünf	hah
sechs	hog
sieben	dschet
acht	pät
neun	gao
zehn	sip
elf	sip et
zwölf	sip sohng

Das Wichtigste in Englisch

Allgemeines

Ich heiße ...	My name is ... [mai **nehm** is]
Morgen	morning [**moh**ning]
Nachmittag	afternoon [after**nuhn**]
Abend	evening [**ihw**ning]
Nacht	night [nait]
Wie bitte?	Pardon? [**pahd**n]
Ich verstehe nicht.	I don't understand. [ai **dohnt** ander**ständ**]
Wie heißt das?	What is this called? [**wott** is ðiß **kohld**]
Wo ist ...?	Where is ...? [**wäər** is ...]
Können Sie mir helfen?	Can you help me? [kän ju **hälp** mi]

Shopping

Wo gibt es ...?	Where can I find ...? [**wäə** kən ai **faind** ...]
Wie viel kostet das?	How much is this? [**hau** matsch is ðiß]
Geben Sie mir 1 kg Bananen	Could I have a kilogram of bananas. [kud ai häw ə **killə**grämm əw bə**na**nas]

Essen und Trinken

Die Speisekarte, bitte.	The menu please. [ðə **män**ju plihs]
Brot	bread [bräd]
Kaffee	coffee [**koffi**]
Tee	tea [tih]
Orangensaft	orange juice [**orr**ənsch dschuhs]
Suppe	soup [ßuhp]
Fisch / Meeresfrüchte	fish / seafood [fisch / **ßih**fud]
Fleisch / Geflügel	meat / poultry [miht / **pohl**tri]
Reis	rice [reiß]
Gemüse	vegetable [wädschtəbl]
Salat	salad [**ßälə**d]
Obst	fruit [fruht]
Bier	beer [biə]
Mineralwasser	mineral water [**minn**rəl wohter]

Meine Entdeckungen

....

....

....

....

....

....

....

....

....

....

....

....

....

....

....

....

....

....

Clevere Kombination mit POLYGLOTT **Stickern**
Einfach Ihre eigenen Entdeckungen mit Stickern von 1–16 in der Karte markieren
und hier eintragen. Teilen Sie Ihre Entdeckungen auf facebook.com/polyglott1.

Checkliste Bangkok

Nur da gewesen oder schon entdeckt?

☐ **Bangkoks grüne Seite**
Kombinierte Rad- und Bootstouren entführen in ruhige Nebenstraßen und grünes Idyll abseits des Verkehrs. › **S. 12**

☐ **Blütenkunstwerke**
Im Museum of Floral Culture des renommierten Blumendesigners Sakul Intakul sind Arrangements zu bestaunen, die teils für Bankette am Hof gefertigt wurden. › **S. 14**

☐ **Shopping auf dem Skywalk**
Auf der 4,5 km langen Strecke kann man 14 Malls besuchen, ohne auch nur einmal den Gehweg zu berühren. › **S. 41**

☐ **Buddhas Fußsohlen**
Die Fußsohlen des Liegenden Buddha im Wat Pho sind 3 m hoch und 4,50 m lang. Intarsien aus Perlmutt stellen die 108 heiligen Kennzeichen des Erleuchteten *(lakshanas)* dar. › **S. 15**

☐ **Thai-Massage im Tempel**
Nach dem Pflastertreten lockert eine Massage die Muskeln – im Wat Pho sind Meister ihres Fachs am Werk. › **S. 50**

☐ **Lunch auf der Terrasse des Mandarin Oriental**
Auf der Riverside Terrace genießt man die feinsten Dim Sum Bangkoks, während der Chao Phraya gemächlich vorüberfließt. › **S. 125**

☐ **Sundowner mit Blick auf den Wat Arun**
Ein besonders schöner Blick auf den »Tempel der Morgenröte« bietet sich bei einem Cocktail in der Rooftop-Bar des Hotels Sala Rattanakosin. › **S. 12**

Mitbringsel für daheim

Currypaste von Khun Ming: Damit lassen sich zu Hause die leckersten Gerichte zaubern › **S. 16**

Glücksfaden: Von einem Mönch ums Handgelenk gebunden, hält er Unheil fern › **S. 16**